KB192599

모든 게 처음인
브랜드의 무기들

모든 게 처음인
브랜드의 무기들

초인 윤진호 지음

작은 가게부터
나 홀로 사장까지,
비즈니스 성장을 위한
5단계 전략

갈매나무

《모든 게 처음인 브랜드의 무기들》은 길을 찾는 사람보다는, 길을 만들고자 하는 사람에게 필요한 발자국 같은 책이다. 자신에게 어울리는 색깔을 찾고 싶은 사람들이 다양하게 맞춰가며 입어볼 옷이 되어준다. 무릇 '나만의 색identity'을 알아야 세상을 살아갈 수 있을 테니까.

_밀라노기사식당 박정우 오너셰프

브랜딩을 고민하고 있다면, 이 책을 다이어리처럼 활용해보자. 작은 브랜드를 운영하다 보면 고민이 끊이지 않는다. 당장 다음 단계가 보이지 않아 막막하고, 고객의 마음을 어떻게 사로잡을지도 모르겠고, 더 성장하고 싶은데 방향이 맞는지 헛갈리고……
나 또한 살아남기 위해 수많은 브랜딩·마케팅 필독서를 읽었다. 하지만 0단계부터, 아니 마이너스 단계부터 시작하는 법을 알려주는 책은 드물었다.《모든 게 처음인 브랜드의 무기들》은 그 아쉬움을 싹 달래준다. 매 단계 눈앞의 상황에 꼭 맞는 사례를 들어, 당장 적용할 수 있는 실전 지침까지 알려준다. 나의 브랜드 성장 여정을 함께 고민해준 든든한 친구 같은 책이다.

_세모녀(봄마음) 이한결 대표

내가 서 있는 곳에서 꽃피우고 열매를 맺는 마음으로 매일매일 아르프를 운영하고 있다. 멀리 있는 걸 흉내 내지 않고 나만의 빛깔로 그저 조용히 그러나 분명하게. 오래도록 헤맸던 브랜드 차별화를 마케터 초인과 함께 만들어온 이야기를 보여드릴 수 있어 기쁘다.

_아르프 김치업 대표

오랫동안 브랜딩에 어려움을 겪다가 초인의 무기와 함께 비로소 방향을 잡았다. 장기적 관점에서 브랜드를 고민할 필요성을 절감하는 브랜더에게, 새로운 콘텐츠가 필요한 기획자에게 이 책을 적극 추천한다. "세상에 완벽한 것만 보여줄 순 없다. 우리를 어떻게 보여줄지 깊이 들여다보고 솔직하게 표현하는 것이 중요하다." 이 철학을 몸소 체험한 브랜드들의 이야기를 읽다 보면 시장을 바라보는 시각이 완전히 바뀔 것이다. 플로우스도 그 덕분에 팔로워 수가 10배 넘게 늘며, 성장할 수 있었다.

_플로우스 크루들

놓칠 뻔했던 더 바이글의 중심을 잡을 수 있었던 건, 초인님 덕분이었다. 우리 브랜드의 스토리를 사람들에게 한눈에 각인할 원메시지를 만들고, 그것을 어떻게 표현하고 전달해야 하는지를 배웠다. 브랜드의 코어를 알리고 싶은데 정작 내가 원하는 마케팅 방향이 손에 잡히지 않을 때, 《모든 게 처음인 브랜드의 무기들》을 추천한다.

_더 바이글 홍소이, 표양수 대표

초인님과 함께하며 무엇보다 좋았던 점은 우리가 일을 시작하기 전에 그것을 왜 해야 하는지 명확히 하고 일의 구조를 짜나갔던 과정이다. 《모든 게 처음인 브랜드의 무기들》은 마케터 초인의 일하는 방식이 고스란히 녹아들어 있다. 브랜딩에 관한 깨달음 그리고 브랜더로 살아가는 일에 관한 잔잔한 울림을 얻고 싶다면 읽어보길 추천한다. 작은 브랜드를 향한 배려와 관심이 녹아 있는 인사이트로, 마음 놓일 만큼 든든한 가르침을 줄 것이다.

_전 GFFG(노티드) 마케팅 리더 은수빈

브랜딩은 나중에 잘되고 나서 하신다고요?

개인, 소상공인, 1인 가게, 스타트업까지 모두가 브랜드를 만들고 꿈꾸는 시대다. 그런데 뭐부터 어떻게 해야 할까? 자신만의 브랜드를 세상에 선보여서 고객의 마음을 사로잡고 빠르게 성장하는 비결은 뭘까? 이 책은 브랜드를 시작하고 키우는 사람들을 위한 브랜드의 무기에 관한 이야기다.

대한민국 99.9%의 정체

대한민국에서 중소기업이 차지하는 비율은 얼마일까? 놀랍게도 약 804만 개로 99.9%를 차지한다(2022, 중소벤처기업부 자료). 중소기업 종사자도 1895만 명으로 전체 기업 종사자의 80%가 넘는다. 특히 1인 기업은 전년 대비 42만 개나 급증하여 전체 기업 수 증가(42만 7,813개)의 98%를 차지했다.

생각보다 많지 않은가? 100명 가운데 99명 넘게 작은 기업에 속해 있고, 그 말인즉슨 99% 이상은 스몰 브랜드라는 뜻이다. 더욱이 새로 생기는 기업 100개 가운데 98개는 개인이 혼자 만든 브랜드다. 세상은 스몰 브랜드로 가득하다.

스몰 브랜드가 중요해진 만큼 이에 관해 이야기하는 사람도 많아졌다. 여기에 왜 또 하나를 더하려는 걸까? 이를 설명하기 위해 우선 나의 커리어를 간략하게 소개해볼까 한다. 16년에 걸친 나의 지난 커리어는 큰 기업에서 시작해서 스타트업까지 다양했다. 흔히 대기업이라 불리는 CJ, 글로벌기업인 디즈니, 작은 브랜드에서 시작해 빠르게 성장한 GFFG(노티드의 모회사)에서 마케터로 일했다. 회사를 나와 다양한 브랜드를 빌딩하는 '초인 마케팅랩'을 시작하고 다양한 분야의 크고 작은 브랜드와 함께 일하면서 알게 된 점이 한 가지 있다. 마케팅과 브랜딩의 성공 방정식이 모든 브랜드에 동일하지 않다는 것이다. 특히나 당장 생존이 필수인 작은 곳에서는 수십 년간 이어온 큰 기업의 이야기를 그대로 적용하기 어렵다는 사실을 체감했다.

물론 가장 중요한 본질은 크게 다르지 않다. 그러나 작은 브랜드가 적용하고 만들어가야 하는 현실은 조금 다르다. 비행기를 운전하는 것과 자전거를 운전하는 것이 다르듯 말이다. 더 나아가 세발

자전거도 타보지 않았다면 또 다르지 않겠는가? 작은 브랜드는 대기업처럼 몇 달에 걸쳐 브랜딩을 할 수도 없고, 전문 팀을 꾸리기도, 수천만 원을 들여서 리서치를 맡기기도 어렵다.

혹시 스몰 브랜드를 만들고 있는가? 스몰 브랜드의 담당자인가? 아니면 나만의 브랜드를 꿈꾸는 중인가? 어느 단계여도 좋다. 비행기 운항을 돕다가 처음 자전거를 배우는 사람들을 만나기까지, 두 차이를 가장 가까이서 경험한 사람으로서 대한민국 99.9%의 작은 브랜드를 위한 무기를 꺼내보고 싶었다.

마케팅과 브랜딩의 차이

초인 마케팅랩을 설립한 후 다양한 분야에서 브랜드를 만드는 사람들을 만났다. 멘토로, 마케팅 디렉터로, 강사로, 또 커뮤니티 빌더로……. 나의 역할은 다양했다. 한번은 이런 순간이 있었다.

"혹시 브랜딩은 어떻게 하고 계신가요?"
"저희는 브랜딩 이런 건 하나도 안 하고 있어요. 그거는 큰 회사에서 하는 거 아닌가요? 저희는 아직 작아서요. 나중에 지금보다 크게 성장해서 돈이랑 사람이 여유 있을 때 하려고요."

비슷한 유형으로는 이런 대답도 있다.

"아직 브랜딩할 때가 아니라고 보고 있어요. 그래서 지금은 광고만 열심히 해서 팔고 있어요. 매출이 우선이라서 브랜딩은 나중에 여유자금 생겼을 때 생각해보려고요."

이런 이야기를 들을 때마다 어떻게 말해야 할지 많은 고민이 든다. 도움을 주는 입장인 만큼 솔직하게 말하고 싶은 마음이지만 자칫하면 불편한 조언처럼 들릴 수도 있기 때문이다. 그럴 때면 이렇게 나의 의도를 전하곤 한다.

"비싼 돈을 주고 광고 모델을 써서 대중에게 광고하고…… 이런 걸 브랜딩이라고 생각하고 계신 것 같아요. 크게 팝업스토어 pop-up store (특정 기간 운영하는 오프라인 매장)를 열거나, 유명한 브랜드나 캐릭터와 콜라보를 하거나…… 그런 것까지 포함해서요."
"그런 게 브랜딩이 아닌가요?
"브랜딩의 범위는 넓어요. 첫 시작은 우리 브랜드가 누구인지를 정의해서 꺼내는 거죠. 우리가 누구이고 왜 시작되었는지, 어디로 향하고 있는지 어느 누가 들어도 알기 쉽게요. 그것이 브랜딩의 시작이에요."
"그걸 꼭 해야 하나요? 큰 기업만 하는 거 아닌가요?"

"큰 기업은 오히려 안 해도 돼요. 신라면이 브랜딩을 안 한다고 사라질까요? 제일제당 설탕이 브랜딩을 안 한다고 점유율을 바로 뺏길까요? 삼성전자가 광고를 안 한다고 안 팔릴까요? 그런데 작은 브랜드는 해야죠. 언제 사라질지 모르니까요. 경쟁도 치열하고, 자본도 적고, 인력과 예산은 없고. 그럴 때 무엇으로 싸워야 살아남을까요? 그걸 정의하는 게 바로 브랜딩의 시작이에요."

"그렇다면 브랜딩과 마케팅의 차이는 뭔가요? 우린 뭐부터 해야 하죠?"

이 책은 바로 그 질문에 대한 답이다. 마케팅을 하나도 공부하지 않아도, 브랜딩을 하나도 몰라도 이해할 수 있게 하나씩 단계별로 짚어나가려고 한다. 무엇보다 브랜딩은 실제 내 브랜드에 적용해보는 행동력이 필수라고 생각한다. 그런 의미에서 이 책 역시 내가 여러 브랜드에 적용해보고 성공했던 비결을 누구나 적용할 수 있는 원칙으로 만들어서 담았다.

작은 브랜드의 브랜딩이란 무엇일까?

브랜딩은 브랜드가 누구인지, 무엇이 다른지, 어떤 가치를 제공하는지 이야기하는 일이다.
어떻게 이야기하는가?
답은 고객경험이다.

모두 브랜더가 되어야 한다

'마케터Market+er'라는 말을 많이 들어보았을 것이다. 마케터는 마케팅을 하는 사람을 말한다. 내가 하고 있는 일이기도 하다. 세상에는 어떤 마케터가 있을까? 기업에 속해 일하는 마케터도 있고 프리랜서로 일하는 마케터도 있고, 형태는 다양하다. 마케터에 관한 이야기는 나의 지난 책 《마케터의 무기들》에서 많이 다루었다.

그렇다면 '브랜더Brand+er'는 어떤가? 아마 들어본 사람도 있겠지만, 낯설게 느끼는 사람이 더 많을 것이다. 브랜더라는 말은 여러 의미로 쓰인다.

아래는 AI가 내놓은 답이다.

브랜더가 뭐야?

브랜더는 브랜드를 기획하고 관리하며, 브랜드의 가치를 높이는 데 기여하는 전문가를 의미합니다. 마케팅 분야에서 브랜더는 브랜드의 핵심 가치를 정의하고 이를 고객에게 효과적으로 전달하고자 다양한 활동을 합니다. 주요 업무로 브랜드 정체성을 구축하고 브랜드 스토리, 디자인, 마케팅 전략 등을 통해 소비자에게 브랜드를 일관되게 전달합니다.

브랜더는 브랜드가 소비자와 감정적 연결을 만드는 데 중점을 두며, 마케팅 캠페인이나 제품 디자인에 방향을 설정하는 데 중요한 역할을 합니다. 고객의 인식을 분석하고 브랜드가 시대에 맞게 변화하며 성장할 수 있도록 다양한 전략을 수립합니다.

브랜더는 브랜드를 정의하고 방향성을 만들고 고객에게 전달하는 중요한 역할을 한다는 사실을 확인할 수 있다. 넓은 의미에서 자신만의 브랜드를 만드는 모든 사람을 포함한다. 작은 기업 대표부터 담당자, 소상공인, 1인 기업가, 자신을 하나의 브랜드로 가꾸는 인플루언서까지 모두 브랜더다. 그런데 많은 사람이 이를 인지하지 못한다. 자신을 단순히 물건을 파는 '셀러'로, 장사를 하는 '자영업자'로, 특정 업무를 진행하는 '프리랜서'로 생각한다.

이에 따른 문제는, 자신의 영역을 그 이름 안에 한정 짓게 된다는 점이다. 그러면 다른 셀러와, 다른 자영업자, 다른 프리랜서와 치열한 무한경쟁을 펼쳐야 한다. 정해진 판 안에서 나눠 먹기 싸움을 해야 하니 오래 이어가지 못하고 정체되거나, 결국 사라지는 안타까운 결말을 맞이한다.

답은 셀러를 넘어, 자영업자를 넘어, 프리랜서를 넘어 '브랜더'라는 더 큰 영역으로 나를 정의하고 내 브랜드를 키워가는 데 있다. 브랜더로서 브랜드를 키울 때 생기는 변화로는 아래와 같은 것들이 있다.

'브랜더'가 만드는 브랜드의 차이

- 브랜드가 '고객'을 불러 모으며 '영업'을 한다.
- 브랜드가 '매출'을 키우며 '비즈니스'를 만든다.
- 브랜드가 다른 '브랜드'와 만나 '영역'을 넓힌다.

어떤가? 브랜드를 만들어 키우는 일이 탐나지 않는가?

브랜드를 만들기 위해서는 먼저 내가 브랜더가 되어야 한다. 작든 크든 규모는 중요하지 않다. 먼저 브랜더라고 생각하는 것부터가 다른 미래를 만드는 시작이다. 브랜더의 무기를 꺼내기 전에 스스로에게 다시 한번 물어보자. 브랜더가 되고 싶은가? 어떤 브랜드를 만들고 싶은가? 브랜드를 키울 브랜더가 될 준비가 되었는가?

스토리를 파는 시대

작은 브랜드 99%의 시대다. 브랜더가 되어야 살아남을 수 있는 운명이다. 무엇부터 해야 할까? 바로 '찐팬 만들기'이다. 내가 아이돌도 아닌데 왜 팬이 있어야 하냐고? 그냥 물건만 잘 팔면 되는 거 아니냐고? 작은 브랜드일수록 그 브랜드를 좋아하는 팬을 만들어야 살아남을 수 있다. 그렇지 않으면 지금의 고객이 나중에 가격이 더 싼 경쟁사로 떠나간다. 언젠가 더 큰 용량, 더 빠른 배송을 찾아 떠날지도 모른다. 하지만 브랜드를 지지해주고 응원해주는 팬은 그 누구보다 든든한 지원군이다. 그래서 브랜더인 우리는 '브랜드의 찐팬'을 만들어야 한다.

그게 어떻게 가능할까? 결론부터 말하자면 남다른 '스토리텔링'이 필요하다. 스토리텔링은 영화나 드라마에만 필요한 것이 아니다.

14

스토리는 나의 브랜드를 경쟁사와 달라 보이게 만들고 나의 브랜드를 계속 찾아야 하는 이유를 제공한다. 작가도 아닌데 스토리를 어떻게 만들 수 있을까? 스토리를 만들어주는 곳은 없을까? 걱정하기엔 이르다. 스토리는 이미 준비되어 있다. 바로 내 안에, 브랜드를 시작하기 전부터 지금까지 걸어온 과정에 다 들어 있다. 각자에게 내재된 스토리를 꺼낼 세상에서 가장 쉬운 방식을 안내하는 것이 이 책에서 나의 역할이다.

혹시 아직도 '저는 아직 찐팬도, 스토리도 필요 없어요'라고 생각하는가? 물론 이 책을 선택해서 읽고 있다면 그렇게 생각하지 않으리라 믿는다. 혹시 모를 우려로 얘기해보자면, 기존의 방식으로만 나아가는 경우 최저가로 경쟁하는 시장에서 비슷한 제품과 영원히 무한경쟁하게 될 것이다. 그것이 '셀러'의 운명이다. 더 빨리 브랜더의 길을 시작하지 않고 똑같은 싸움을 선택한 자신을 후회하게 될지도 모를 일이다. 셀러를 넘어 '브랜더'의 운명을 선택했다면, 기존 방식에서 벗어나 무한한 시장에서 내 영역을 넓혀가는 싸움을 할 차례다. 이 책에서 제품을 파는 것을 넘어 '브랜드를 파는 방법'을 알게 될 것이다.

브랜드를 파는 것이 뭐냐고? 5부에 걸쳐 브랜더의 무기를 준비했다. 먼저 작은 브랜드로 시작해서 스토리로 사업을 키워낸 실제 브랜더의 생생한 이야기로 1부를 시작한다. 2부에서는 브랜드를 빌드업할 때 매력을 더하고 고객과 관계를 쌓아나가는 방법을 다룬다.

3부에서는 시그니처와 원메시지를 활용해 남들과 다른 브랜드로 차별화하는 실질적인 방법을, 4부에서는 브랜드를 성장시키고 확장하는 노하우를 만나볼 것이다. 마지막 5부에서는 작은 브랜드가 마주하는 문제를 해결하는 방법, 그리고 F&B, 커머스 등 분야별 브랜더가 꼭 알아야 할 무기로 이야기를 마무리한다.

이 책으로 알게 될 핵심은 다음 네 가지이다.

1. 셀러 (vs) 브랜더 : 판매자를 넘어 '브랜더'가 된다.
2. 제품 (vs) 브랜드 : 제품을 넘어, '브랜드'를 판다.
3. 기능 (vs) 스토리 : 기능을 넘어, '스토리'로 말한다.
4. 구매자 (vs) 찐팬 : 구매자를 넘어, '찐팬'을 만든다.

하나씩 적용해보고 싶다면 앞부터 차례로 읽어나가면 된다. 혹시나 책을 일독할 시간이 없다면 각 부에서 필요한 내용부터 먼저 꺼내보는 것도 좋다. 가장 추천하는 방법은 이 책을 일하는 곳 가까이에 두었다가 머리가 아플 때마다, 고민이 들 때마다 해당 영역을 꺼내서 보는 것이다. 상황에 따라 책에 담긴 글과 이야기가 다르게 다가올 것이다. 이 책이 때로는 앞서 길을 가본 멘토의 조언으로, 때로는 잘하고 있다는 마음의 위안으로 다가가길 바란다.

브랜더가 되어 브랜드를 세상에 꺼낼

준비가 되었는가?

이제 브랜드의 찐팬을 찾으러 가보자!

차 례

4. 지속적으로 매출을 올리는 성장의 무기들

: 세일즈에 브랜딩을 더하면 도약의 순간이 온다

1

시작이 두려운
스타트업을 위한 무기들

: 스토리는 힘이 세다

숟가락에 삶을 담다,
봄마음

더 나은 아웃풋을
위한 인풋

나도 내 브랜드를 해보고 싶은데, 꼭 만들어보고 싶은 제품이 있는데. 본업을 하면서 이런 생각을 하는 사람이 많을 것이다. 그런데 바쁜 현실에 치이거나 여러 현실적인 위험 부담으로 실제로 브랜드를 시작하기란 쉽지 않다. 해도 후회, 안 해도 후회라면 그래도 해보고 싶다! 그렇다면 뭐부터 시작하면 좋을까? 아이템은 어떻게 찾고, 어떻게 키워낼 수 있을까?

같은 고민으로 시작해서 브랜드를 키워낸 한 사람이 있다. 회사원에서 하루아침에 사업가로 변신하여 세상과 다른 방식으로 빠르게 나아간 한 사람의 이야기를 꺼내보자.

좋은 결과를 만들려면 무엇을 해야 할까? 방문객, 매출, 트래픽, 팔로워, 이들을 모두 묶어서 '아웃풋output'이라고 해보자. 많은 사람이 더 좋은 아웃풋을 만들기 위해 아웃풋에만 집중한다. 하지만 그런 방식으로는 되려 더 나은 아웃풋을 만들기 어렵다. 비결은 반대로

'인풋input'에 집중하는 것이다. 인풋을 키워야 더 나은 아웃풋이 나온다. 그런데 정확히 인풋은 뭐고 아웃풋은 뭔가? 인풋을 키운다는 것은 어떤 의미일까? 이번 이야기에서는 이 궁금증을 풀어보려고 한다.

특별한 사람들을 위한 숟가락, 평범한 직장인이 1년 만에 억대 투자를 유치받아 사업을 시작한 비결은 무엇일까? 심지어 이 숟가락은 광고비 한푼 쓰지 않고 3,278%의 펀딩에 성공했다. 비결은 역시나 마법의 인풋이었다. 마법의 정체는 '스토리텔링.' 이 브랜드의 이야기는 스토리텔링이라는 무기가 가진 힘을 생생하게 보여준다. 자, 이제 브랜드의 이야기를 들어보자.

커리어의 죽음과 브랜드의 시작

Q. 회사를 다니다가 브랜드를 시작하게 된 계기는?

A. MD(기획자)라는 직업으로 회사원으로 일했다. 좋은 상품을 찾아서 예쁘게 포장해서 방송에서 선보이는 일이다. 홈쇼핑이었기에 단기간에 파는 일이 중요했다. 그런데 내가 다루는 상품에 애정을 갖기 어렵던 것이 문제였다. 팔리는 것을 찾고, 판매에만 집중하는 과정에 계속 아쉬움이 있었다.
한마디로 '왜'가 없었다. 왜 이 제품을 꺼내야 하는지 정확히 누구에게 필요한지 뚜렷함이 없었던 것 같다. '시간이 지나면 나에게 뭐가 남을까?' 하는 생각이 들었고, 고민 끝에 마케팅 디렉터(초인)를 찾아가 고민을 나누었다. 그리고 나만의 상품을, 나만의 브랜드를 해보자고 결심했다.

"안녕하세요. 혹시 초인님이신가요?"

마케팅 디렉터로 일하던 2023년 초, 한 사람이 나를 찾아왔다. 고민이 많아 보였고, 목소리에서 무거운 마음이 느껴졌다. 커리어를 3년째 쌓아오고 있는데, 계속해야 할지 새로운 일을 시작해야 할지 고민이라고 했다. 내가 과거에 일했던 그룹사에서 일해오셨기에 그만큼 상황을 더 자세히 이해할 수 있었다. 누구나 들으면 알 만한 대기업에서 홈쇼핑 사업을 담당하고 있었고, 대화하며 그분의 커리어와 감정 상태를 엿볼 수 있었다. 일의 의미를 잃은 지 오래였고, 지금 하는 일이 결국 미래에 사라질 것이라는 불안도 있었다. 여러 이야기를 나누면서 일을 그만두는 편이 좋겠다는 결론을 내렸다.

무엇보다 일에 진정성을 갖고 임하는 사람이라는 느낌을 받았다. 일을 그만두고 싶다는 표면적인 마음 뒤에 본인에게 맞는 일을 찾아서 제대로 해보고 싶은 열망이 숨어 있던 것이다. 어떤 마음에서였는지 모르겠지만 다음 날 내가 몸담고 있던 회사의 옆 부서에 그분을 추천했다. 결과적으로 인연이 이어지지는 않았지만, 강렬했던 만남만은 내 마음속에 남았다.

그로부터 약 반년의 시간이 지났다. 그사이 나에게도 적지 않은 변화가 있었다. 무기연구소를 만들어서 회사원에서 벗어나 나만의 일을 시작하게 된 것이다. 그때 처음 꺼낸 무기 중 하나가 바로 '스토리텔링'이었다. 스토리를 잘 만들면 개인과 커리어의 브랜드에, 또 비즈니스에 큰 도움이 된다는 확신이 있었기에 시작한 일이었다. 실제로 나부터 스토리텔링을 무기로 커리어를 쌓고 개인 브랜드까지 만들었으니 말이다. 그 과정에서 알게 된 노하우를 세상에 전하고자 오픈한 스토리텔링 클래스에서 익숙한 한 사람이 눈에 띄었다. 반년 전, 커리어로 상담을 요청했던 그 사람이었다.

"결님. 잘 지내셨나요? 어떻게 지내셨어요?"
"초인님, 저 그때 초인님과 상담하고 나서 회사 그만뒀어요!"
"그러면 지금은 어떤 상황인가요?"
"지금은 제 브랜드 준비하고 있어요. 아무리 생각해도 회사원은 제 길이 아닌 거 같더라고요. 그래서 다시 찾아왔어요!"

솔직히 많이 놀랐다. 이전에도 100명 넘게 상담하며 커리어와 브랜드에 관한 고민을 많이 나눴지만 이렇게 바로 실행에 옮기고, 빠르게 나아간 경우는 드물었기 때문이다.

대화를 나누다가 한 번 더 놀랐는데, 준비한다던 브랜드가 다름이 아닌 '숟가락' 브랜드였기 때문이다. 이전에 시장을 선도하는 국내 대기업에서 MD로 일해온 사람의 선택이라기엔 다소 의외의 아이템이었다. 그러자 왜 숟가락을 골랐는지, 왜 '스토리텔링'이라는 무기를 찾아왔는지 많은 것들이 궁금해졌다.

그렇게 아직 세상에 꺼내지지 않은 숟가락 브랜드와 스토리텔링 과정을 함께하게 되었다. 스토리텔링 과정의 포문을 여는 질문은 바로 이것이었다. 왜 스토리가 필요한가?

"왜 스토리가 필요하신가요, 결님?"
"지금도 숟가락을 만들기 위해 열심히 공장에 다니면서 알아보고 있어요. 그런데 계속 제품 개발에만 매달리다 보니 정작 브랜드가 걱정되어서요. 뭔가 스토리가 필요할 것 같아서 찾아왔어요."

문득 처음 커리어에 관한 고민을 나누며 새로운 일을 시작해보자고 결론을 냈던 몇 개월 전이 떠올랐다. 그것을 실행에 옮기고, 새롭게 선보이는 브랜드에 스토리를 입히려고 찾아온 굳은 결의를 보며, 함께 잘 만들어 세상에 꺼내봐야겠다는 사명이 나에게도 생겼다.

"그럼 어떻게 스토리를 만들어보면 좋을까요?"
"그걸 잘 모르겠어요. 어떤 스토리를 사람들이 좋아할까요?"

"질문을 한번 바꿔볼게요. 이 브랜드를 왜 시작하셨나요?"
"음. 사실은 저희 할머니와 엄마 때문에 시작하게 되었어요."

할머니와 엄마에게서 시작된 브랜드라는 사실이 강렬하게 다가
왔다. 그 안에서 스토리의 답을 찾을 수 있겠다는 생각이 들었다. 자
세한 배경이 궁금해졌고, 브랜드의 시작점으로 가보기로 했다.

"할머니와 엄마에게서 어떻게 브랜드가 시작되었나요?"
"저희 할머니께서 몹시 아프셨어요. 도움이 필요하신 상황이었
는데, 식사하실 때 숟가락을 너무 세게 물어서 종종 이가 다치
는 게 가장 큰 문제였어요. 그래서 할머니들이 편하게 드실 수
있는 숟가락이 있는지 찾아봤는데, 아무리 찾아도 여기에 딱 맞
는 제품이 없었어요."
"말랑말랑한 숟가락은 기존에 있지 않나요? 어떤 문제가 있었
나요?"
"그런데 그런 숟가락 대부분이 어린아이용이라, 나이 드신 분들
이 사용하시기에 편한 제품이 없었어요."
"어린이용 숟가락을 사용하는 것도 고려해보셨을까요?"
"그런데 할머니께서 몸과 마음이 아파도 그게 어린이 숟가락이
라는 걸 다 아시더라고요. '나한테 왜 애들 숟가락을 주냐?' 하
시면 딱히 할 말이 없었어요. 정서적으로 자존감에 좋지 않은

부분이었죠. 몸과 마음이 아파도 자존감은 중요하잖아요."

"그래서 어떻게 하셨나요?"

"그때부터 엄마가 맞춤형 숟가락을 만들 수 있는 곳을 찾아다니셨어요. 공장에도 직접 가서 물어보고, 기차 타고 몇 시간에 걸쳐 먼 지역에 다녀오시기도 하고요."

"어머니께서 진심이셨군요."

"할머니가 자꾸 이를 다치는 걸 보다가 이대로는 안 되겠다고 생각하셨대요. 저도 이전 회사에서 MD로 일했다 보니 괜찮은 공장을 엄마에게 알려드리기도 했어요."

"그렇게 맞춤형 숟가락을 찾을 수 있었나요?"

"아무리 찾아도 어르신에게 딱 맞는 제품은 찾을 수 없었어요. 주문해서 만들 수도 없었고요. 하나를 생산하는 데에도 개발 비용이 엄청나게 들어간다는 것을 조사하다가 알게 되셨어요. 1개를 만드나 100개를 만드나 제품 개발에 필요한 비용은 비슷하다는 걸 알고 고민이 많아지셨죠."

"그래서 어머니께서 어떤 선택을 하셨나요?"

"몇 달 동안 공장을 찾아다니면서 고생하는 엄마를 보다가 그런 생각이 들었어요. 내가 한번 같이 해봐야겠다고. 회사를 그만두기로 결심하고 엄마와 함께 돌아다녔어요. 그래도 명색이 MD였는데 엄마에게 힘이 될 수 있겠다 싶더라고요."

시작이 두려운 스타트업을 위한 무기들

브랜드가 시작된 이야기를 듣고 마음속 어딘가가 조금 떨려왔다. 지금껏 수많은 브랜드 스토리를 만났고 도움을 주고받았지만, 아는 사람의 이야기에서 꺼내진 브랜드 여정은 더 특별하게 다가왔다.

제품보다 스토리를
먼저 꺼내다

당시에는 숟가락의 실제품도, 이미지도 보지 못한 상황이었다. 그런데도 이야기 속에 흠뻑 빠졌다. 할머니의 아픔을 달래고자, 더 행복하고 건강한 일상을 꿈꾸며 전국을 뛰어다니는 엄마와 딸의 이야기가 마치 한 편의 영화처럼 다가왔다.

"그래서 브랜드를 시작하게 되었군요. 솔직하게 이야기해 주셔서 감사해요. 스토리텔링을 무기로 만드는 방법이 떠올랐는데 한번 들어보시겠어요?"

"그럼요! 어떻게 이야기를 꺼내보면 좋을까요?"

"지금 저에게 들려주신 그 이야기를 브랜드 스토리로 만드는 거예요. 브랜드 이름도 모두 하나의 세계로 연결해서요. 마치 관객이 브랜드의 제목부터 이야기까지 관람하는 것처럼요."

"그러면 너무 개인적인 이야기가 되진 않을까요?"

"저는 그것이 사람들의 마음을 움직일 거라고 생각해요. 사람들은 스토리가 더해진 숟가락을 만나게 될 거예요. 같이 만들어가 봐요."

그렇게 브랜드가 탄생했다. 회사 이름은 손녀, 어머니, 할머니가 함께 모여 '세모녀.' 첫 소개 문구는 다음과 같았다.

세 모녀가 전하는 마음을 봅니다.
'봄마음.'

할머니의 아픔, 어머니의 마음, 손녀의 정성으로 탄생한 브랜드 봄마음은 아직 출시 예정인 제품의 스토리를 하나씩 그려나갔다.

인스타그램으로 투자자를 모은 비결

Q. 지금의 브랜드가 세상에 만들고자 하는 가치는?

A. 나는 나이 드는 게 무서웠다. 나이가 들면 아프기도 하고, 젊을 때처럼 아름답지 않다고 생각해서 늙는다는 말 자체가 싫었다.

'내가 늙고 싶지 않은 건 왜일까? 나이가 드는 게 왜 무섭지?' 하고 생각해보았고 이 사회가 많은 부분에서 나이 든 사람을 위한 준비가 되어 있지 않다는 사실을 깨달았다. 그래서 나이가 들었을 때 나에게도 필요한 브랜드를 만들고 싶었다.

불편한 사람들을 위한 기능성 숟가락을 만들다 보니 처음에는 '어르신을 위한'이라는 문구를 사용했다. 그런데 언젠가 나도 그 '어르신'이 된다는 생각에 도달했다. 그렇다면 나는 나이 들어서 어르신으로 불리고 싶은가? 하면 그렇지 않았다. 나는 이 숟가락의 고객을 내가 아닌 다른 누군가로 설정하고 있던 것이다. 고민 끝에 브랜드 정의를 바꾸었고 '에이지리스 디자인ageless design', 즉 나이 상관없이 쓸 수 있는 식기로 방향을 잡았다.

"이 스토리를 만난 사람들은 각자의 어머니를 떠올릴 거예요. 누구나 나이가 들잖아요. 누구나 아플 수 있잖아요. 누구나 먹어야 하잖아요. 그 이야기가 나의 어머니 그리고 할머니 이야기처럼 느껴지겠죠."

"이야기를 나누다 보니 어떻게 브랜드를 꺼내서 이야기를 담을지 하나씩 그려지는 것 같아요!"

"그리고 한 가지가 더 있어요."

"그게 뭘까요?"

"출시 전까지 아직 몇 달 남았죠? 그때 가서 브랜드를 꺼내지

마세요."

"그럼요? 그때 브랜드를 꺼내지 않으면 어떻게 하죠?"

"제품이 나오기 전부터 브랜드를 꺼내보세요. 이야기를 만들어 가는 과정을 세상에 들려주세요. 인스타든 블로그든 어디든 좋아요."

"아직 제품이 없는데도요?"

"여기서 중요한 건 제품 그 이상의 스토리예요. 스토리를 꺼내면 누군가 그 이야기에 들어올 거예요. 진정성 있는 이야기를 들려주면 세상 사람들이 지지해줄 테고요. 그러면 제품이 세상에 나왔을 때 봄마음의 이야기를 지지하는 분들이 바로 찾아주실 거예요."

"그게 진짜 될까요?"

"그렇게 될 거예요. 왜냐면 저부터가 그럴 거 같거든요."

봄마음은 브랜드 스토리를 그리는 것을 넘어 브랜드를 만들어가는 과정도 함께 세상에 꺼내기로 했다. 그렇게 세상에 없던 숟가락의 이야기가 제품에 앞서 탄생했다. 그 이후에는 어떻게 되었을까?

그로부터 몇 달이 지난 후 소식을 접했다. 봄마음 프로젝트의 이후 성과는 놀라웠다. 정부지원 사업을 수상하고 투자자까지 나타났던 것이다.

"다 잘되었네요! 어떻게 그렇게 다 잘 풀렸을까요?"

"그때 만든 스토리를 기반으로 사업을 소개했더니 운 좋게 지원 사업에서 전체 2등을 할 수 있었어요. 그 과정도 전부 인스타그램에 올렸고요."

"조회수 30만을 넘은 영상이 있던데, 어떻게 퍼진 건가요?"

"저도 이걸 왜 이렇게 많이 보셨는지 모르겠어요. 그런데 그 영상을 보고 많은 분께서 응원해주시더라고요. 또 영상을 보신 한 분은 투자하겠다고 연락을 주셨어요."

"인스타그램을 보고요?"

"전국을 돌아다니는 모녀의 이야기가 인상적이었나 봐요. 덕분에 숟가락 개발을 계속할 수 있었어요."

제품 출시 전부터 투자를 받은 비밀은 바로 인스타그램이었다. 스토리와 함께 제품 준비 과정을 제품보다 먼저 꺼내기로 하고, 바로 다음 날부터 매일 인스타그램에 꺼냈더니 투자자까지 나타났다. 어느 날 우연히 투자자의 눈에 들어 '제가 그 사업 투자하겠습니다' 하는 레퍼토리는 예전 미국 실리콘밸리나 기업 성공담을 담은 책에서나 있는 일인 줄 알았다. 그런데 인스타그램 콘텐츠만 보고 아직 세상에 꺼내지도 않은 브랜드에 투자자가 생기는 일이 실제로 일어났다.

왜 이 브랜드여야만
하는가?

어느새 나 역시 스토리텔링을 함께 빌딩하는 디렉터를 넘어, 브랜드 팬으로서 봄마음을 응원하고 있었다. 몇 달의 여정을 함께하면서 사람들이 이 브랜드와 함께하게 될 것이라는 믿음이 생겼다.

Q. 인스타 30만 뷰 영상을 만든 배경은?

A. 그토록 많은 사람이 영상을 볼 줄은 몰랐다. 당시 금형(시제품을 위해 만드는 틀)을 의뢰하고 나서 기다리는 것 말고는 할 수 있는 게 없었다. 그때 뭐라도 해보자는 생각에 대구에서 서울을 매일같이 오가면서 서울행 KTX에서 피곤에 지친 날것의 느낌 그대로 영상에 담았다. 나의 이야기를 담담하고 솔직하게 꺼냈다. 영상 제목은 "서울 〉 대구 이사까지 하며 대구에서 창업한 이유"였다.

Q. 영상으로 생긴 변화가 있다면?

A. 그전까지 팔로워가 700명 정도였는데, 그 영상 하나로 바로 1,000명 넘게 늘었다. 신기하게도 대구 분들이 많이 보셨고, 대구에서 알아봐주시는 분들도 많았다. 환영한다고, 응원한다고 말도 걸어주시더라. 신기한 경험이었다.

투자자가 되어주기로 한 분과의 인연도 특별했다. 봄마음을 준비하던 10월 말 할머니가 돌아가셨는데, 장례식 때 투자자 분과 우연히 마주쳤다. 알고 보니 할머니의 먼 지인이셨다.

그 과정에서 결국 '모든 것은 연결된다'는 것을 알게 되었다. 과정을 기록하고 내 이야기를 꺼내니까 특별한 순간이 찾아왔다. 스토리를 담아 콘텐츠를 만들었더니 사람과 이야기가 연결되었다. 앞으로도 브랜드를 만드는 과정을 계속 스토리로 만들어갈 예정이다.

3,278%를 만든 기적의 무기

제품의 첫 출시는 크라우드crowd 펀딩*으로 가장 대표적인 W 플랫폼으로 정했다. 불특정 다수를 대상으로 하는 제품이 아니라, 특

---

* 사전 주문 방식 중 하나. 기술이나 아이디어가 있지만 자금이 부족한 판매자가 먼저 프로젝트를 공개하여 제품이나 서비스를 만들 자금을 모집한 후에 판매하는 형태를 의미한다.

정 누군가를 위한 목적형 기능 제품이다 보니 크라우드 펀딩이 적합했다. 선판매로 구매자를 확보한 후에 배송하는 형태로 재고 위험 부담을 줄이고 안전하게 시작하려는 의도도 있었지만, 더 중요한 이유는 따로 있었다. 제품의 스토리를 제대로 담아 전하고 싶었기 때문이다. W 플랫폼은 다른 곳보다 상대적으로 더 제품의 스토리가 차별화 요소로 주목받고, 그것이 구매로 연결되는 곳이었다.

펀딩 오픈일 정해진 시각. 떨리는 마음으로 페이지에 들어가자 이런 문구가 나를 반겼다.

'사랑하는 마음으로, 봄마음은 시작되었습니다.'

문구는 다음과 같은 내용으로 이어졌다.

'안녕하세요, 봄마음 대표 오춘심春心입니다.
저의 어머니의 이야기에서 치아가 약하고 편안한 식기가 필요한
우리 모두의 이야기로 확장된 만큼 어느 하나 허투루 판단하지
않았습니다. 봄마음이 소중히 쌓아온 사랑과 정성이 고스란히 여
러분들의 일상에 전해지길 바랍니다.'

춘심(봄 춘, 마음 심)이라는 엄마의 마음을 담은 브랜드라는 말부터 페이지 끝에 있는 문구까지 모두 한 글자씩 읽어 내려갔다. 준비

과정을 지켜봤지만, 세상에 꺼내진 최종본을 보는 마음은 남달랐다. 이 스토리를 쓰기 위해서 딸과 엄마가 함께 몇 날 며칠을 얼마나 생각하고 고민했을까? 페이지 곳곳에 브랜드가 시작한 배경부터 완성된 제품이 만들어지기까지의 과정이 생생하게 담겨 있었다. 마치 따뜻한 영화 속 시나리오를 보는 기분이었다.

펀딩 결과는 놀라웠다.

목표 대비 매출액 3,278%.

작은 목표로 시작했지만 많은 사람이 찾았고 목표보다 32배가 넘는 결과에 도달했다. 심지어 광고비 한푼 들이지 않고도 말이다. 크라우드 펀딩에서 광고비를 하나도 쓰지 않았다는 것은 골목 구석 작은 곳에서 가게를 홍보 없이 오픈하는 것만큼 어렵다. 그렇기에 봄마음의 결과는 더욱 놀라웠다.

알고 보니 봄마음을 만드는 과정에서 제조를 도운 분들, 지원사업에서 만난 분들, 브랜드와 제품을 만드는 과정을 담은 콘텐츠를 본 분들까지 하나같이 브랜드의 팬이 되어 있었다. 이 팬들이 제품이 출시되자마자 찾아준 것이다.

브랜드가 세상에 꺼내지기 전, 시작하게 된 동기였던 할머님께서 세상을 떠나셨다는 슬픈 소식을 접했다. 마음이 아팠으나 한편으로 전국을 돌며 몇 달의 시간을 보냈을 딸과 손녀의 마음을 할머님이 가장 잘 아셨으리라고 생각한다. 비록 완성되어 꺼내진 숟가락을 만나보진 못하셨지만, 세상 모두의 어머니와 아버지, 그리고 누군가의

41

아픈 가족이 보다 더 따뜻하고 행복한 삶을 살아가게 될 것이다. 그 길을 만드는 브랜드로서 봄마음의 여정은 앞으로도 계속될 터다.

여기까지가 봄마음의 브랜드 스토리다. 브랜드 속 이야기가 어떻게 다가왔는가? 할머니를 향한 마음에서 시작된 봄마음은 마법의 무기와 함께 세상에 꺼내졌다.

이제 봄마음의 스토리에서 얻은 힌트를 바탕으로 작은 브랜드를 위한 무기를 찾고, 우리 브랜드에 적용하는 방법을 살펴보자.

Q. 개인 브랜드를 시작하고 가장 좋은 것과 힘든 것은?

A. 먼저 일의 보람이 가득하다는 점이 가장 큰 장점 같다. 홈쇼핑 MD로 일할 때 한 시간에 10억 원 넘게 판 경우도 많았지만, 그 성취가 온전히 기쁘지 않았다. 진심으로 공감하고 떳떳하게 판매한 제품이 아니었기 때문이다. 마침 오늘 장애인센터에서 숟가락 8개가 주문이 들어왔는데, 회사원일 때보다 적은 금액일지라도 행복하고 즐겁다. 이 브랜드로 고객과 연결되어 있다는 느낌이 들어서 뿌듯하다.

다만 고민도 있다. 브랜드 영역을 넓혀서 지금보다 더 대중화할 수 있을지가 고민이다. 브랜드를 시작할 때부터 니치마켓 nitch market(큰 시장 사이에 있는 작은 틈새시장)이라는 것을 알고 뛰어들었다. 그래도 이 브랜드에 많은 사랑을 쏟은 사람으로서 보다 많은 분들께 사랑받고 싶은 욕심이 드는 건 어쩔 수 없는 것 같다.

Q. 스토리텔링 클래스에서 어떤 변화를 만들었는지?

A. 처음에는 나만의 개인적인 평범한 이야기라고 생각해서 마케팅으로 꺼내려 하지 않았다. 그전까지만 해도 브랜드는 멋진 이야기만 해야 한다고 생각했다. 그런데 작은 브랜드일수록 더 개인의 스토리를 꺼내야 한다는 말을 듣고, 우리 이야기를 그대로 보여주는 게 더 매력적으로 보일 수도 있겠다는 생각을 처음으로 했다. 고객과 스토리텔링 과정으로 함께하기로 마음먹고, 우리 이야기를 담아 웹툰까지 만들게 되었다.

일반적으로 숟가락을 '음식'과 함께 이야기한다. 우리는 다르다. 봄마음은 숟가락을 '사람'과 함께 이야기한다. 식기는 결국 사람을 위한 것이다.

'과정형 콘텐츠'로
'스토리텔링' 하기

고객을 변화시키는 스토리텔링의 힘

봄마음의 가장 큰 무기는 뭐였을까? 바로 '스토리텔링'이다. 가상의 이야기나 잘 만들어진 그럴듯한 이야기가 아니라 실제 세 모녀의 실화가 그대로 브랜드로 꺼내졌고, 브랜드 스토리를 접한 모두가, 심지어 제품이 실제로 나오기도 전부터 브랜드의 팬이 되었다. 스토리는 이렇듯 브랜드의 큰 무기가 된다.

요즘 세상은 잘하는 사람, 좋은 상품이 정말 많다. 심지어 알릴 방법도 무궁무진하다. 이때 상품과 가격만 외쳐서는 사람들의 시선을 끌기 어렵다. 방법은 역시나 스토리다. 인지심리학자 제롬 브루너Jerome Seymour Bruner의 연구조사에 따르면, 스토리로 전달하면 그냥 전달하는 것보다 22배 더 잘 기억된다고 한다. 그래서 여기서는 누구나 적용할 수 있는 브랜드 스토리 만드는 법을 다뤄보려 한다. 어떤 브랜드 이야기를 전해야 할까? 브랜드 스토리를 어떻게 꺼내볼 수 있을까?

가장 먼저 이 브랜드가 왜 시작되었는지를 생각해보자. 우리 브랜드는 어떻게 시작되었나? 가만히 있다가 어느 날 우연히 떠올라서? 왠지 앞으로 성장하는 산업일 것 같아서? 그런 이유로는 생동감 있는 스토리가 만들어지기 어렵다. 특별한 사연이 없어서 걱정인가? 그래도 괜찮다. 꼭 어떤 사연만이 매력적인 스토리텔링이 되는 것은 아니다.

가장 먼저 누구를 위해 브랜드가 탄생했는지를 떠올려보면 좋다. 그게 누구일까? 세상에 불편함을 겪고 있는 사람일까? 지루한 삶을 살고 있는 사람일까? 아니면, 바쁜 생활에 지친 누군가?

스토리의 뼈대
: 브랜드를 영화와 드라마처럼

고객에게 브랜드란 결핍을 해소하고 더 행복해지기 위해서 존재한다. 제품과 서비스는 그 욕망을 구체적인 형태로 실현한 것이다. 결국 고객에게 선택받고 싶은 브랜드는 불편을 없애서 편리함을, 지루함을 깨서 행복을, 시간을 줄여서 풍요로움을 제공하는지가 중요하다. 그 과정에서 브랜드가 없을 때 고객이 느낄 두려움을 해소하고, 브랜드가 충족해줄 수 있는 고객의 욕망을 더하면 그것이 하나의 스토리가 된다.

여기서 중요한 한 가지가 더 있다. '브랜드'와 '제품'이 주인공이 어선 안 된다. 그럼 누가 주인공인가? 바로 브랜드를 만나는 '고객' 이다. 그럼 '브랜드'는 어떤 역할을 하는가? 브랜드는 고객이 시련을 벗어나고 욕망을 실현하여 더 나은 삶을 살 수 있도록 도와주는 조력자 역할에 충실해야 한다. 제품은 고객의 더 나은 삶과 브랜드를 연결해주는 장치다. 그것이 브랜드 스토리텔링의 핵심이다.

좋아하는 영화나 드라마 같은 콘텐츠로 예를 들어보자. 영화의 존재 이유는 관객이고, 드라마와 예능의 존재 이유는 시청자다. 감독과 피디가 만들고 끝난다면 그것은 '작품'이 아니라 '습작'(연습을 위해 만든 것)이다. 누구를 위해 존재하는지(관객과 시청자), 그 누구에게 어떤 변화를 만들지(감동, 재미, 정보 등)가 명확해야 콘텐츠로서 브랜드는 존재 이유를 갖는다. 습작으로 브랜드와 제품, 서비스를 만드는 사람은 없을 테니, 제품(작품)만 덩그러니 두지 말고 고객(관객과 시청자)이 브랜드를 찾을 이유(차별화된 가치)를 고민해보아야 한다.

당연히 콘텐츠의 시청자 그룹이 뾰족할수록 브랜드의 존재는 명확해진다. 1인 가구를 위한 관찰 리얼리티 프로그램인가? 사랑과 연애에 관심이 많은 사람이 좋아할 달달한 로맨스물인가? 인기 있는 콘텐츠는 대부분 명확한 차별화가 존재한다. 이것을 '컨셉 concept' 이라고 한다. 컨셉이 없으면 관객도 시청자도 모호해진다. 반대로 컨셉이 명확하면 누구target에게 어떤 변화를 만들지가 명확해진다. 이렇듯 누구를 위해 어떤 메시지를 전할지 정의하는 것부터가 스토리텔링의 시작이다.

　드라마와 영화, 예능에서는 겉으로 보면 배우와 연예인이 주인공이지만 진짜 주인공은 따로 있다. 그걸 보는 '관객'이다. 관객에게 감동이나 기쁨, 웃음 등 어떤 가치를 전하는 드라마와 영화가 사랑받는다. 브랜드도 마찬가지다. 브랜드를 사용하는 고객을 주인공으로 만들고 가치를 전해주어야 사람이 찾아온다. 브랜드 스토리가 고민이라면 가장 먼저 이것부터 기억하자.

브랜드 스토리의 원칙

브랜드는 세상을 더 편리하게, 행복하게, 풍요롭게 하기 위해 존재한다.
브랜드가 없을 때 고객이 느낄 두려움, 브랜드를 만남으로써 채울 수 있는 욕망을 꺼내자.
브랜드가 주인공이 아니라, 고객이 주인공이다.
브랜드는 고객이라는 주인공의 긍정적인 변화를 돕는 조력자다.

스토리텔링의 시작

- 타깃 : 브랜드는 누구를 위해 존재하는가?
- 컨셉 : 타깃에게 어떤 차별화된 가치를 전하고자 하는가?

스토리의 구성
: 고객이 브랜드를 만났을 때

이제 고객이라는 주인공이 어떤 과정으로 브랜드를 만나는지, 브랜드를 만나 어떤 변화를 만들고 어떻게 더 나은 일상으로 나아가는지 그려볼 차례다.

중요한 것이 한 가지 더 있다. 스토리 속 주인공이 처음부터 끝까지 평탄하게 나아간다면 관객이 찾아야 할 이유가 없다. 반드시 어떤 어려운 상황이 발생하고 빌런이 등장하고 위기와 고난이 찾아온다. 조력자가 등장해서 주인공에게 변화의 계기를 만들어주기도 한다. 힘을 얻은 주인공은 더 나은 결말을 향해간다. 흥미롭게 본 영화나 드라마 모두 그렇지 않던가?

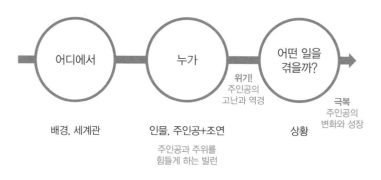

스토리텔링의 기본 구조

이처럼 고객이 누구인지에 더해 어떤 어려움을 겪고 있는지가 반드시 포함되어야 한다. 고객이 무엇을 바라고 어떤 변화를 갈망하는지 역시 마찬가지다. 고객의 욕구를 채워주고 변화를 도와주는 역할을 브랜드가 해야 한다. 그러면 브랜드는 고객이라는 주인공을 빛내주는 조력자로서 고객이 원하는 방향으로 스토리를 이끌 수 있다. 마지막으로 브랜드 스토리텔링을 시작하는 법을 다시 정리해보자.

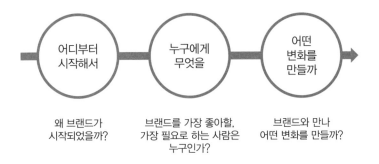

나의 브랜드에 적용해보기

영화나 드라마 스토리처럼 고객을 주인공으로 놓고 브랜드를 변화를 돕는 조력자 역할로 만들어보자. 위 그림의 내용을 고민해보고 글로 적어보길 바란다. 생각은 깊이 하되, 글은 쉽고 단순하게 적어야 한다. 스토리텔링을 만들 좋은 플롯(이야기 구성)이 탄생할 것이다.

브랜드를 중심으로 작성한 위 내용을 주인공(고객) 중심으로 순서를 바꾸면 다음과 같은 흐름이 된다.

주인공(고객)의 이야기로 바꾸기

스토리텔링 구조를 브랜드에 적용해보기

• 주인공과 세계관 : 고객과 고객을 둘러싼 주위 환경은 어떤가?
• 고난과 역경 : 어떤 문제로 어떤 어려움이 생겼는가?
• 조력자의 등장 : 브랜드와의 만남이 어떻게 이루어지는가?
• 문제 해결 : 어떻게 더 나은 일상으로 변화하는가?

앞서 브랜드 스토리는 브랜드가 왜 존재하는지부터 시작해야 한다고 말했다. 누구를 위해 존재하는 브랜드인지, 그 '누구'에게 어떤 변화를 만들어가고 있는지, 스토리는 이 장치에서 시작한다고. 영화나 드라마에 무대(극장, TV, OTT)가 있고 시청자·관객이 있듯이 우리 브랜드도 고객을 찾고, 그 고객과 만날 무대를 설정해야 한다. 이때 고객이 주인공이라는 사실을 잊어서는 안 된다.

그렇다면 고객을 모아 온 무대에서는 구체적으로 어떤 이야기를 꺼내야 할까?

결과가 아닌 과정을
궁금해하는 시대

작은 브랜드가 가장 고민하는 한 가지가 있다. 브랜드를 만드는 사람들과 대화하다 보면 이런 이야기를 종종 듣는다.

"SNS 운영하는 게 너무 힘들어요."
"어떤 어려움이 있으신가요?"
"꾸준히 콘텐츠를 만들어야 한다는데 어떤 걸 해야 할지 모르겠어요. 저는 영상 촬영이나 편집을 배운 적도 없고, 포토샵 같은 것도 할 줄 몰라요."

그럴 때마다 내가 하는 말이 있다.

"뭔가 잘 기획하고, 세세하게 만들어서 완성된 걸 꺼내는 건 큰 브랜드들의 방식이에요. 이건 대부분 '결과의 콘텐츠'죠. 작은 브랜드는 '과정의 콘텐츠'를 꺼내야 해요."

"과정의 콘텐츠가 뭔가요?"

"제품을 완성하고 나서, 서비스를 완벽하게 만들고 나서 꺼내는 게 아니라 만들기로 시작한 시점부터 콘텐츠로 꺼내는 거죠. 왜 브랜드를 만들려고 하는지, 무엇을 변화시키고 싶은지. 단발성으로 한두 번이 아니라 그 과정을 지속적으로 계속 보여주는 겁니다. 제품을 꺼내고 나서도 끝이 아니에요. 세상에 나온 제품으로 더 많은 사람과 만나는 과정, 그로 인해 고객에게 생기는 변화까지 콘텐츠로 계속 꺼내줘야 해요."

여기까지 이야기하면 다른 고민이 끼어든다. 매출에 집중하다 보면 당장 콘텐츠를 지속할 시간이 부족하다는 것이다. 나의 답은 명확하다. 당장 매출에만 집중하면 5%, 10% 수익을 올릴 수야 있겠지만, 그렇게 해선 오래 성장을 지속하기 어렵다. 언제 성장세가 멈춰도 이상하지 않다.

하지만 과정을 콘텐츠로 만들어서 계속 꺼내면 브랜드는 조금씩 사람들의 인식 속에 자리 잡는다. 그 과정이 쌓여서 임계점에 도달하면 콘텐츠가 구매로 연결되는 마법이 일어난다. 여기서도 주의할 점이 있는데, 콘텐츠가 제품을 이야기하는 단계에 그치면 안 된다는 것이다.

"콘텐츠를 본다고 제품을 진짜 살까요?"

"핵심은 제품의 기능만 이야기하는 게 아니라, 제품을 만들고 개선해나가는 과정에 고객을 참여시켜서 팬으로 만드는 겁니다. 팬심은 놀라운 무기예요. 어떤 브랜드를 좋아하게 되면 그 브랜드를 좋아하는 마음으로 제품을 사기도 하죠. 필요해서 사는 것과 다른 감정으로요. 좋아하는 연예인이나 인플루언서의 굿즈처럼요."

과정형 콘텐츠를 잘 꺼낸 브랜드 중 하나가 앞서 소개한 봄마음이다. 계속 이야기를 콘텐츠로 꺼냈더니 30만 조회수가 넘는 콘텐츠가 나왔고 그로부터 수많은 팬이 생겨서 투자유치까지 이어졌다. 봄마음뿐만이 아니다. 많은 브랜드가 과정형 콘텐츠로 팬을 만들어서 비즈니스를 성장시켜 나가고 있다. 온라인, 오프라인 브랜드 모두에 적용되는 이야기다. 브랜드가 나아가는 여정을 기록하는 과정형 콘텐츠는 브랜드의 무기가 된다. 브랜드를 위해 바로 시작해야 한다. 여기서는 과정형 콘텐츠를 꺼낸다는 의미와, 과정형 콘텐츠를 구성하는 구체적인 방법을 다뤄보려 한다.

'무엇'부터 팔고 있는가?

잠깐 우리 브랜드를 생각해보자. 무엇을 팔고 있는가? 상품? 서비스? 가입? 이런 요소는 사업, 즉 비즈니스 '결과'의 영역이다. 그런데 고객 한 명이 살면서 하루에만 300개가 넘는 광고를 만나는 지금 시대에 한 번의 접촉이 구매로 연결되기란 쉽지 않다.

그렇다면 무엇을 팔아야 할까? 바로 사람들의 관심이다. 관심은 곧 '시간'이다. 누군가의 관심을 끌고 시간을 함께하면 브랜드와의 연결고리가 강화된다. 고객에게 먼저 시간을 팔아야 한다. 수익은 그다음이다.

먼저 '과정'의 영역에 집중하면 자연스럽게 '고객과의 시간'이라는 결과가 따라온다. 처음부터 누군지도 모르고 함께한 경험이 없는 브랜드에 세상 사람들은 지갑을 열지 않는다. 어쩌다 한번 열더라도 브랜드를 기억하지 못하거나, 다음 단계로 이어지지 않는다.

온라인에서든 오프라인에서든 브랜드와 고객이 일정 시간을 함께했다면? 이 과정이 수반되면 그다음 단계인 비즈니스로 넘어가고 수익으로 이어진다. 정리하자면, 고객에게 뭔가를 팔기 위한 순서는 아래와 같다.

1. 고객의 시간을 얼마나 확보할 수 있을까?
2. 그 시간에 어떤 걸 기억시킬 수 있을까?

3. 어떻게 다음에 다시 찾게 할까?

4. 계속 찾은 고객에게 어떻게 팔 수 있을까?

5. 구매한 고객이 어떻게 하면 다시 찾을까?

첫 단계를 위해 브랜드가 세상에 줄 수 있는 가치부터 만들어야 한다. 이 가치에 관해선 앞에서 스토리텔링과 함께 설명했으므로 다음 단계로 넘어가보자. 고객이 브랜드에 가치를 느끼면, 브랜드를 찾는 사람과 함께하는 시간의 총합이 점점 늘어난다(시간 가치). 시간 가치는 고객이 지불할 수 있는 가치로 연결된다(구매 가치). 시간을 더 많이 확보할수록 구매가 점점 더 커지는 모델이다. 그런데 현실은 반대로 가는 경우가 많다. 파는 것에 먼저 집중하고, 거기부터 어려움을 겪는다.

브랜드의 웹사이트와 SNS, 블로그를 찾는 사람이 매일 5,000명이라고 해보자. 이 5,000명의 유저는 브랜드와 함께한다. 그 안에는 잠깐 구경 온 사람도 있고, 가끔 방문하는 사람도 있고, 브랜드의 팬도 있다. 신상품을 소개한다고 할 때 처음 온 사람과 가끔 오는 사람, 브랜드의 팬 중 누가 제품을 구매할 가능성이 높을까? 당연히 오랜 시간 브랜드를 찾아오며 반복 구매를 한 사람이다. 반대로 처음 방문한 사람이 구매할 가능성이 가장 낮다. 이때 처음 온 사람이 다음에 또 방문하도록 유도하여 브랜드와 함께하는 시간의 총량을 늘리면 이후 구매가 이루어질 가능성이 커진다. 그래서 '과정형 콘텐츠'가 중요하다. 과정형 콘텐츠는 지속적인 방문을 유도하기 때문이다.

판매자와 브랜더의 차이

만나자마자 고객에게 바로 팔려고 하면 안 된다. 흥미를 갖게 만들어라. 고객의 호기심을 끌고, 매력을 주는 콘텐츠를 꾸준히 만들어보자.

- 판매자 : 이곳저곳에 세일즈 멘트를 최대한 많이 꺼내면 팔릴 거야!
- 브랜더 : 우리 브랜드의 이야기를 꺼내서 고객의 눈길을 끌어볼까?

하고 싶은 말이 아닌 듣고 싶은 말을 꺼내라

브랜드를 시작하는 사람들과 스토리텔링을 만들어갈 때 마주치는 어려움이 있다. 브랜드 이야기를 꺼내는 것까지는 좋은데, 브랜드를 시작한 순간부터 지금까지 오게 된 과정을 모두 자세하게 꺼낸다. 때로는 대서사시가 펼쳐지기도 한다. 물론 그 안에서 좋은 요소를 꺼내면 좋은 브랜드 스토리의 재료가 되겠지만, 단순히 나열하여 펼치기만 한 브랜드 역사는 스토리가 되기 어렵다. 브랜드 역사를 처음부터 모두 들어주는 관객은 없기 때문이다.

브랜드 스토리는 철저하게 보고 듣는 사람의 관점에서 끌리게, 더 듣고 싶고 더 궁금해지게 만들어야 한다. 그러려면 내가 하고 싶은 말보다는 상대방이 듣고 싶은 이야기에서 시작해야 한다. 쉽지 않은 길이지만, 여기서부터가 시작이다. 그래야 브랜드 한 줄 카피나 제품 소개 문구를 쓸 때, 상세페이지를 만들 때까지 고객의 눈과 마음을 사로잡는 이야기를 꺼낼 수 있다.

브랜드 스토리가 제품으로 시작해서 제품으로 끝나면 철저하게 '제품 vs 제품'의 구도가 만들어진다. 그 순간 가격, 품질, 배송 경쟁이 펼쳐진다. 안타깝게도 자본도 인력도 부족한 스몰 브랜드는 그 구도에서 경쟁력을 갖추기 어렵다. 제품이나 서비스에 스토리를 더해야 하는 이유다.

브랜드 스토리에는 브랜드를 만드는 사람의 이야기를 꺼내야 한다. 그 브랜드를 만들고 있는 사람은 누구이고, 왜 브랜드를 세상에 꺼냈을까? 내 브랜드 스토리가 없는데, 새롭게 만들어야 하냐고 질문하는 사람도 있을 것이다. 없는 것을 새롭게 만드는 일은 어렵다. 이미 갖고 있는 것, 경험한 것에 매력적인 스토리텔링을 입히는 편이 좋다. 매력적인 스토리텔링이 뭐냐고? 그래서 누구나 적용할 수 있는 스토리텔링 원칙 다섯 가지를 준비했다.

브랜드 스토리텔링 TIP 5

〈토이 스토리〉 〈인사이드 아웃〉 〈몬스터 주식회사〉 등 다수의 인기작을 만든 디즈니 픽사에서 사용하는 스토리텔링 원칙이 있다. 《픽사 스토리텔링》이라는 책에도 자세히 소개된 내용이다. 이를 브랜드에 적용할 수 있도록 다섯 가지로 정리했다.

(1) 후크의 기술 | 8초 안에 보고 듣는 사람의 눈길을 끈다. 연구조사에 의하면 8초인데, 요즘 같은 모바일 시대에는 3초 이내라고 생각한다. 유튜브로 치면 썸네일과 제목이, 기사로 치면 제목이 될 것이다. 처음 나의 이야기를 꺼낼 때 다음이 궁금해지게 만들어야 한다. 이 부분이 약하면 브랜드로 끌어올 수 없다. 만나는 첫 순간을 사로잡는 방법을 항상 고민해야 한다.

⇒ 보는 사람의 공감을 얻는 질문으로 시작하거나 강렬한 문제의식을 꺼내기

후크의 기술이 필요한 곳

- 글과 영상의 제목과 썸네일
- SNS 포스팅 첫 이미지와 첫 줄
- 광고 메인 카피
- 홈페이지, 온라인 쇼핑몰 등 접점 채널의 최상단 이미지와 카피
- 상세페이지 첫 부분

(2) 로그라인 | 한 줄로 로그라인을 정리하자. 로그라인은 시나리오 기법에서 사용하는 용어인데, 쉽게 말해 요즘 말하는 '한 줄 요약'이다. 사람들은 자신이 보고 있는 것이 무엇인지, 어떤 의미인지를 알아야 다음 단계로 넘어간다. 그래서 고객이 끝까지 따라올 수 있도록 초반에 핵심을 정리해주어야 한다.

⇒ 우리 브랜드가 무엇이 다른지, 어떤 것을 만들어갈 것인지 명확하게 말하기

로그라인 기술이 필요한 곳

• 글의 첫 세 줄, 영상의 첫 3초
• 광고의 서브 카피
• 상세페이지 도입부
• 홈페이지, 온라인몰 등 접점 채널의 소개 페이지

(3) 캐릭터 아크 | 인물의 변화와 기대감을 의미한다. 스토리를 보면 그 안에 항상 인물이 존재한다. 그 인물은 잘되거나 잘되지 않거나, 성장하고 좌절하는 과정을 오간다. 그러면서 변화하고, 변화하는 인물을 보는 관객도 함께 변한다. 브랜드 역시 변화를 꾀하면서 보는 사람에게 기대감을 주고 궁극적으로는 변화를 만들어주어야 한다.

⇒ 브랜드와 함께 어떤 긍정적인 변화를 만들 수 있을지 꺼내기

고객과 함께 변화하는 '캐릭터 아크' 예시

• 주말마다 기분 좋은 일상을 만나는 '초인 러닝크루'
• 일의 성장을 만들어 가는 커뮤니티 '워스픽'
• 탈모인의 괴로움을 덜어주는 '탈모 전문 미용사'

(4) 두려움과 욕망 | 네 번째는 사람들의 보편적인 두려움과 욕망이다. 사람은 모두 취향과 생김새가 다르지만 한 가지 공통점이 있다. 무언가를 두려워하고 욕망하는 존재라는 것. 이야기에 두려움과 욕망을 담는다면, 그걸 보는 사람은 이야기에 자신을 이입하여 더 몰입한다.

⇒ 두려움을 덜고 욕망을 더해 고객과 다음 단계로 함께 가기

두려움과 욕망을 활용한 브랜드 예시

- 우리는 누구나 마음속에 검은 감정을 가지고 있다. 내 안의 빌런을 만나다. (디즈니 빌런 캠페인)
- 당신의 집, 오늘 밤은 정말 안전한가요? (보안 브랜드)
- 사진과 데이터, 순식간에 사라질 수 있습니다. (클라우드 브랜드)

(5) 기승전결 구조화 | 후크부터 초입부 로그라인, 중간에 캐릭터 아크와 두려움·욕망을 지나는 과정을 하나의 구조로 짜야 한다. 후킹만 하고 그다음 붙잡아주는 로그라인이 없다면 고객을 유입할 수도, 끝까지 끌고 갈 수도 없다. 잘 만들어진 스토리 구조에는 고객을 붙잡는 힘이 있다.

⇒ 고객이 브랜드 스토리에 단계적으로 들어올 수 있도록 이야기를 구조화하기

스토리텔링의 기승전결 : 개인

기 : 방구석 글쟁이에게 무기가 생긴다면?

승 : 아무도 읽지 않던 글을 쓰면서 지쳐가던 어느 날 스토리텔링을 더하기
　　시작한다.

전 : 반응이 생겨나고 10명에서 어느새 10만 명으로 독자가 늘어난다.

결 : 베스트셀러 작가가 되어, 마케팅과 스토리텔링 무기를 세상에 전한다.

스토리텔링의 기승전결 : 브랜드

기 : 크림이 잠실을 침공했다? 세상에 없던 노티드월드의 탄생!

승 : 초대형 공간을 만드는 프로젝트가 계속 늦어진 채 위기에 빠진다.

전 : 도넛 속 크림에서 상상의 세계를 떠올리고, 컵케이크 안에 들어가서 노는
　　경험을 꺼낸다.

결 : 오픈과 함께 반응이 뜨겁다. 노티드라는 브랜드는 더 사랑받는다.

　　이 다섯 가지 원칙을 브랜드 페이지, SNS, 광고, 카피에 꺼내서
활용해보자. 어떤 부분이 잘 적용되었는지, 반대로 부족한 부분은
어디인지가 보일 것이다. 이 방식으로 브랜드를 왜 시작했는지, 무
엇을 향해 가고자 하는지 세상에 나만의 차별화된 스토리를 만들어
보자. 지금까지 설명한 스토리텔링 원칙을 봄마음의 사례에 대입한
다음 장을 읽고 나면 나의 브랜드에 어떻게 적용할지 더욱 구체적
으로 그려질 것이다.

실제로 적용해보는
브랜드 스토리텔링 원칙

1부에서는 시작하는 작은 브랜드의 무기를 꺼내봤다. 한번 찾은 고객이 계속 브랜드와 함께하게 하려면 무엇부터 시작하면 좋을까? '사세요! 팝니다! 우린 더 싸요! 더 특별해요!' 이런 메시지만 계속 던져선 팔 수 없다. 우리 브랜드만이 줄 수 있는 차별화된 가치부터 만들자. 재미와 매력을 담은 콘텐츠를 꺼내자. 그리고 계속 이어가면 된다. 브랜드가 전하고 싶은 이야기를 꺼내자. 인스타그램도 좋고, 블로그도 좋다. 콘텐츠를 보고 그 안에 들어온 사람과 함께하는 시간이 늘어날수록 하나둘씩 구독자가 늘고, 그들이 구매자가 되며, 더 나아가 팬이 된다.

    다음은 앞에서 설명한 브랜드 스토리텔링 TIP을 요약한 것이다. 한 번 다시 읽어보며 배운 내용을 정리해보자.

스토리텔링 원칙 브랜드 적용 요약

• 3초 안에 사람의 마음을 끄는 문구로 시작할 것
  → 문제에서 공감을 얻어내고 질문을 던지기
• 한 줄로 브랜드가 누구인지 전달할 것
  → 누가 들어도 이해할 수 있게, 기존과 다른 이야기로 말하기
• 고객의 두려움을 덜어주고 욕망을 더해줄 것
  → 그 안에 들어와 다음 단계로 가고 싶게 만들기
• 고객에게 변화를 만들어줄 것
  → 더 나은 일상으로의 기대감을 주기

　　이론으로는 알겠는데, 이를 어떻게 브랜드에 적용할 수 있을지 어려운 사람도 많을 것이다. 그렇다면 실제로 어떻게 스토리텔링 기법을 브랜드에 적용할 수 있을지 살펴보자. 앞서 만났던 봄마음 브랜드를 스토리텔링으로 담아보았다.

봄마음 브랜드와 고객의 스토리 구조

• **브랜드의 시작 : 문제의식은 뭘까?**
  → 이가 약한 어르신들의 불편한 식사 시간
  → 이가 약한 어르신들을 위한 수저는 없을까?

• **브랜드의 타깃 : 누구를 위해 존재할까?**
  → 내가 나중에 나이 들면 '어르신'이라는 말을 듣고 싶을까?
  → '에이지리스 디자인'으로 내가 나이가 들어도 사용하고 싶을 브랜드를 만들자.

- **브랜드의 위기 : 어떤 어려움이 있을까?**
  → 왜 더 비싼 금액을 주고 기능성 숟가락을 사야 하지? 싼 것도 많은데?

- **브랜드의 변화 : 어떻게 극복할까?**
  → 금액 이상의 마음과 만족을 소중한 누군가에게 선물하고 싶게 만들자.

- **브랜드의 결과 : 어떻게 변화할까?**
  → (브랜드) 일상의 기능성 제품을 넘어 부모님, 가족, 불편한 누군가를 위한
     특별한 선물로 자리 잡는다.
  → (주인공) 브랜드와 함께 안심하고 음식을 먹는 특별한 시간이 생긴다.

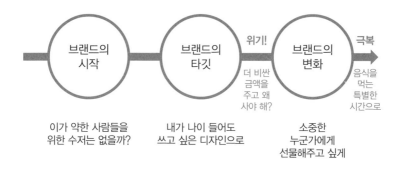

구조에 기반해 하나의 스토리로 꿰기

: 봄마음 브랜드 스토리

밥 먹을 때마다 이가 부러진다면?
불편한 순간을 위해 탄생한 숟가락 이야기를 들어보실래요?
→ **후킹 메시지(공감과 두려움)**

매일 하는 식사, 누군가에겐 불편할 수 있어요.
안심하고 먹고 싶죠.
그래서 안전하고, 가볍고 쉽게 잡히는
특별한 숟가락을 만들었습니다.
→ 보편적인 욕망

우리 모두는 언젠가 나이가 들어요.
언젠가 불편해질 수도 있어요.
그런 누구라도 사용하고 싶게
디자인도 선택할 수 있습니다.
→ 누구를 위해서

불편한 누군가부터 어린아이까지
이 숟가락 하나로 안심하고
편리하게 맛있는 식사를 할 수 있어요.
→ 인물의 변화

매일의 소중한 시간을 선물해주세요.
식사를 하는 매 순간이 특별해질 거예요.
→ 일상의 변화

　우리 브랜드에 적용하기가 여전히 어렵게 느껴진다면, 내가 잘
아는 다른 유명 브랜드의 스토리를 위 방식대로 펼쳐보면 한결 더
쉽게 이해될 것이다. 내 브랜드 스토리도 이렇게 만들 수 있을까?
물론이다. 실제로 이 방식으로 내가 만난 30개 넘는 브랜드가 스토

시작이 두려운 스타트업을 위한 무기들

리를 만들었고, 그 스토리를 기반으로 매장 확장, 고객 확보, 비즈니스 성장이 이어졌다.

· · ·

지금까지 스토리텔링과 과정형 콘텐츠를 담았다. 이 두 가지를 함께 꺼낸 이유가 있다. 서로 연결될수록 시너지가 더 커지기 때문이다. 브랜드의 이야기 구조를 만들어두고, 콘텐츠로 계속 꺼내면서 스토리를 알리고, 고객과 관계를 맺는 것이 핵심이다.

콘텐츠가 매출에 도움이 되냐고? 잘 만들어진 콘텐츠는 팬층을 쌓는다. 코어 팬층은 광고비는 줄이고 비즈니스는 키워준다. 시작하는 단계의 작은 브랜드라면 꼭 콘텐츠를 꾸준히 만들어 활용해보길 바란다. 이제 2부로 넘어가서 브랜드가 누구인지, 어떻게 고객의 마음을 훔쳐 '팬'으로 만들 수 있을지 알아보자.

서울 => 대구
이사까지 하며
대구에서 창업한 이유

2

브랜드 초기
빌드업의 무기들

: 팬덤을 키우는 단계별 고객경험 설계

불경기를 이기고 사람을 모으다,
밀라노기사식당

작은 가게일수록
'한 명'이 중요하다

스몰 브랜드, 퍼스널 브랜드. 5년 전까지만 해도 이 말은 그다지 흔히 쓰이지 않았다. 이제는 1인 사업가도, 소상공인도, 작은 제품을 만드는 사람도 모두 브랜드를 외친다. 그런데 작은 브랜드는 어디서부터 브랜딩을 해야 하는지 몰라 어려움을 겪는다. 큰 브랜드와 작은 브랜드, 제품 브랜드와 개인 브랜드의 차이조차 잘 모를 때가 많다. 자, 그렇다면 어디부터 시작해야 할까? 앞에서 봄마음으로 브랜드를 처음 시작하는 과정에 관해 살펴보았다. 이번에는 세상에 나온 작은 브랜드가 퍼스널 브랜드까지 성장하여 팬덤을 만든 무기를 꺼내보려 한다.

커피를 연구하던 사람이 어느 날 갑자기 식당을 선보인다. 외부에서 사람 하나 찾지 않는 조용한 동네의 골목에 테이블 4개를 놓고 가게를 오픈했는데, 때마침 코로나가 찾아온다. 문을 열고 3개월 동안 사람 하나 찾지 않는 순간을 맞는다. 어디선가 많이 들어봤을 법한 이야기다. 시간이 지나 이곳은 어떻게 되었을까?

어떤 순간을 기점으로 하나둘 손님이 찾기 시작하더니 방송에 소개되고 어느새 작은 가게 앞에 긴 줄이 섰다. 이곳을 방문하기 위해 땅끝마을에서도, 해외에서도 손님이 찾아왔다. 작은 공간에 손님이 계속해서 몰려들다 보니 점점 더 많은 사람이 식사를 하지 못하고 발걸음을 돌렸다. 혼자서 가게를 운영하던 사장님은 가게 운영 시간을 절반으로 줄이기로 결심했다. 식당이 눈에 띄게 잘되고 있는 상황에서 왜 이런 결심을 했을까?

여기서 끝나지 않고 곧이어 재충전의 시간을 갖고자 가게를 잠시 닫았다. 1인 가게가 잠시라도 문을 닫는다는 결정을 내리기가 쉽지 않다. 그런데 두 달이 넘게 가게가 비는 동안 가게를 찾아 관리하고 돌봐준 사람들이 있었다. 바로 그곳의 단골손님들이었다. 식당 주인은 아이돌도, 인플루언서도 아닌데 말이다. 찐팬이 가득한 가게, 재방문율만 70%가 넘는다는 '밀라노기사식당'의 이야기다.

밀라노기사식당은 마치 《이상한 나라의 앨리스》처럼 궁금하고 신기한 이야기들로 가득하다. 밀라노기사식당은 어떻게 이토록 탄탄한 팬층을 만들 수 있었는지, 브랜드 빌드업의 비밀을 풀어보자.

더 많은 매출은 원하지 않는다

2023년의 어느 가을날 밀라노기사식당을 처음으로 찾았다. 당시 나는 정부지원 프로그램에서 마케팅 멘토 역할을 맡고 있었다. 그 인연으로 조용한 골목에 있는 밀라노기사식당 박정우 오너셰프를 만났다.

당시엔 여러 사람을 만나서 고민을 듣고, 고민에 대한 나의 생각을 꺼내서 함께 답을 찾아가는 과정의 연속이었다. 이곳의 고민은 무엇일까, 많은 생각이 들었다.

"사장님, 어떤 부분에서 고민이 많으신가요?"
"가게는 괜찮아요. 저는 더 많은 분이 찾길 원하지 않아서요."
"네?"
"대신 저라는 브랜드를 세상에 더 꺼내보고 싶은 마음이에요."

요식업에 종사하는 사람들의 고민을 들어보면 열 중 여덟아홉은 매출이나 성장을 위한 브랜딩, 마케팅을 이야기한다. 그런데 박정우 셰프는 오히려 그것은 원하지 않는다고 하니 그의 이야기가 궁금해졌다.

A. 시작은 커피를 연구하는 식품연구원이었다. 나름 인정받는 커리어였다. 큰 회사에서 높은 연봉을 받았다. 그런데 한 단계씩 승진하고, 창업주의 마음을 얻고, 월급을 많이 받아도 무언가가 채워지지 않았다. 맞지 않는 옷을 입고 있다는 생각이 조금씩 커졌다. 그리고 내 것을 해보고 싶다는 욕심이 생겼다.

그런데 바로 뭔가를 시작하기에는 두려움이 있었다. 마침 치킨 가게를 시작하는 친구가 있어서 회사 바깥에서 현장 일도 배울 겸 그곳에서 일을 하면서 이후에 어떤 일을 할지 고민하기로 했다. 그 과정이 2년 동안 이어졌다. 잠깐일 줄 알았던 일을 하다 보니까 점점 더 진심이 생겼다. 하루에 두 시간씩 자면서 치킨을 튀기고, 가게를 운영하고, 손님을 모으며 틈틈이 미래에 내가 만들 가게의 상상을 키워나갔다.

오픈과 함께 찾아온 3개의 위기

밀라노기사식당이 처음부터 잘된 것은 아니었다. 오히려 처음에는 손님이 한 명도 찾지 않는 곳이었다. 가게를 오픈하는 데에는 큰 비용이 필요했다. 많은 1인 가게처럼 박정우 셰프는 당시 자금이 여유롭지 않았다. 그런데 꼭 돈이 많아야만 가게를 할 수 있을까? 박정우 셰프는 생각을 바꿔서 당시 갖고 있던 예산 6000만 원 안에서 시작하기로 했다. 가격에 맞춰서 사람이 많이 찾는 번화가의 비싼 동네를 피해 조용한 동네로 갔다. 외부에서 사람 하나 찾지 않는 곳이었다. 박정우 셰프는 세 가지 위기를 안고 가게를 시작했는데 첫 번째가 바로 '입지'였다. 그렇게 선택한 장소에 밀라노기사식당이 들어섰다.

5개월의 준비 끝에 가게를 오픈하자 두 번째 위기가 찾아왔다. 세상이 코로나로 팬데믹에 들어선 것이다. 외식을 하는 사람이 점점 줄었고, 그나마도 방역 지침으로 여러모로 매장 경험에 불편함이 많았다.

코로나와 함께 세상에 나온 첫 2주간, 300명의 지인을 초대하기로 한다. 제대로 외식업을 해본 적은 처음이었기에 매장 운영을 손에 익힐 시간이 필요하기도 했다. 그렇게 2주 동안 돈을 한 푼도 받지 않고, 초대한 사람 하나하나를 진짜 손님 모시듯 맞이했다. 그 과정에서 보이지 않던 것들이 차츰 보였고, 조금씩 운영과 메뉴의 완성도를 높여갈 수 있었다고 한다.

박정우 셰프는 이 과정을 '워밍업'이라고 불렀다. 긴 레이스를 달리기 전 몸을 푸는 것과 마찬가지였다. 찾아준 지인들에게는 딱 한 가지만을 부탁했다. 바로 솔직한 설문 조사였다. 설문에는 보완하면 좋을 점을 포함했다. 이유는 명확하다. 어떠했는지 질문하면 다 맛있다고 한다. 그런 대답으로는 더 나아질 방법을 고안할 수 없다. 질문을 할 때 중요한 것은 '어떻게 하면 더 좋아질 수 있을까요?'

와 같은 개선점이다. 피드백을 기록으로 요청하면 구두로 들을 때보다 좀 더 솔직한 이야기를 들을 수 있다. 그렇게 세상 그 어디에서도 찾을 수 없는 300명의 소중한 피드백이 선물로 남았다.

Q. 가게를 시작할 때, 지인 초대로만 가오픈을 결정한 이유는 무엇이었는가?

A. 가게를 여는 많은 사람이 처음 문을 열 때, 가오픈으로 유료 손님을 받곤 한다. 그런데 어떤 면에서는 위험할 수 있다고 생각했다. 이때 찾아온 고객이 부족한 경험으로 불편을 겪는다면 가게가 정식 오픈했을 때 다시 찾기 어려울 수 있기 때문이다.
'많이 부족하죠! 하지만 아직 가오픈이니까요! 양해 부탁드립니다.' 이 말이 과연 통할까? 지금은 그런 시대가 아니라고 생각한다. 만약 요식업이 처음이라면, 차라리 아는 사람을 초대해보는건 어떨까? 그리고 솔직한 피드백을 요청하는 것이다. 피드백하나하나를 잘 반영해서 완성도를 높이면 전보다 높은 만족도로 유료 손님을 맞이할 수 있을 것이다.

준비를 잘 마친 후 드디어 가게를 오픈했지만 3개월간 손님이 거의 찾지 않았다. 결국 시작을 함께했던 직원들도 떠나보내야 했다. 인건비를 주기도 어려운 상황이었다. 코로나로 많은 사람이 힘들어한다고 듣긴 했지만, 자신이 그중 하나가 되리라고는 잘 생각하지 않았다. 그 과정은 누구에게나 힘이 든다. 하루에 단 한 명도 찾지 않는데 매일 오픈하고 문을 닫는다고 생각해보라. 맨정신에 버티기 어렵다. 그렇게 몇 달의 시간이 지났다. 밀라노기사식당은 어떻게 변화를 맞이했을까?

손님의 빈 그릇을
글로 꺼내고 생긴 일

하루는 14일 만에 손님이 가게를 찾았다고 한다. 어려운 분위기 속에서 찾아준 손님에게 감사한 마음이 컸을 것이다. 그때 문득 '리뷰를 남겨달라고 부탁해볼까?' 하는 생각이 들었다. 힘든 시기인 만큼 리뷰 하나가 정말 간절했다. 고민 끝에 결국 요청하지 않기로 결심했는데, 이곳을 찾아 맛있는 한 끼를 즐기는 시간을 조금이라도 방해하고 싶지 않았기 때문이다.

식사를 마치고 간 손님의 빈 자리를 보니 모든 그릇이 깨끗하게 비어 있었다. 다시 손님을 만나 맛있는 한 끼를 제공할 수 있어서 행복했을 것이다. 박정우 셰프는 거기서 멈추지 않고 손님이 남기고 간 빈 그릇의 사진을 찍었다. 감사한 마음을 담아 SNS에 사진과 그 순간을 기록했다. 이후에도 혹시나 식사에 방해가 될까 봐 건네지 못한 말과 함께 빈 그릇의 사진을 하나씩 올렸다.

그런데 어느 날 신기한 일이 일어났다. 계속 빈 그릇을 SNS에

올렸더니 반응하는 사람이 하나둘 늘어났다. 심지어는 빈 그릇 사진의 주인공이 직접 감사의 댓글을 남겨주기도 했다.

매출을 포기하고
100% 예약제로 바꾼 이유는?

외딴 매장과 바깥세상 사이에 마음과 마음이 통하기 시작했다. 어느 순간부터 하나둘 손님이 찾더니 가게가 조금씩 채워졌다. 여전히 코로나의 여파로 혹독한 시기였지만, 가게에 온기가 돌았다. 어느 날엔 가게 바깥에 줄이 서기도 했다. 그런데 테이블이 4개뿐인 작은 공간 탓에 대기 시간이 길었다. 손님이 바깥에서 기다리는 모습을 불편한 마음으로 지켜보던 박정우 셰프는 고민 끝에 '100% 예약제'를 도입하기로 했다.

대부분의 매장은 워크인walk-in, 즉 가게에 바로 찾아오는 손님이 있어야 유지되기에 예약만으로 운영하기란 쉽지 않다. 주변에서도 모두 반대했다. 걱정의 목소리도 많았다. 그럼에도 과감하게 워크인 입장을 없애고 예약으로만 운영하기로 했는데, 당장의 매출보다 한 사람 한 사람의 고객경험이 더 소중하다는 믿음 때문이었다. 예약제로 전환하고 대기 줄이 없어졌지만, 그만큼 매출도 줄었다. 그럼에도 가장 큰 변화는 역시나 더 편안해진 고객경험이었다.

Q. 예약제로 가게 운영을 바꾼 후 어떤 변화가 있었는지?

A. 어느 날 한 방송에서 가게를 소개하고 싶다고 연락이 왔다. 사람 하나 찾지 않던 동네에 이런 일이 벌어지는 게 신기했지만, 방송이 나가고 난 뒤가 더 놀라웠다. 방송이 시작되고 단 3분 만에 6개월 치 예약이 다 찬 것이다. 이렇게만 보면 해피엔딩이지만, 위기와 기회는 항상 함께 찾아오는 것 같다.

미디어 노출은 기회인 동시에 위기였다. 다양한 유형의 손님을 만났다. 노쇼는 예삿일이다. 예민도가 높은 손님, 만취한 취객까지. 심지어는 동네 터줏대감이라고 이런저런 불편한 이야기를 서슴없이 꺼내는 손님도 계셨다. 어느 손님에게서는 '얼마나 맛있나 한번 보자' 같은 생각이 읽혔고 이게 맞는 걸까? 하는 생각이 커졌다.

이것 역시 나는 괜찮았다. 하지만 이곳을 원래 찾아주시던 단골 손님들이 불편해하는 것이 보였다.

박정우 셰프는 이번에도 고객을 위한 큰 결단을 내렸다. 기존의 100% 예약제를 유지하면서 점심 영업을 하지 않고 저녁 영업만 하기로 결심한 것이다. 이번에도 역시나 주위에서 그래서 가게를 운영할 수 있겠냐는 걱정과 우려가 제기되었지만 최상의 고객경험이야말로 브랜더와 고객 모두 오래갈 수 있는 방향이라고 믿고 원칙을 고수했다. 운영 시간을 반으로 줄여도 괜찮았던 이유는, 매출 손해를 감당하고도 손님에게 더 나은 경험을 제공하는 것이 박정우 셰프 본인도 더 좋았기 때문이다. 왜 맛집에 가면 항상 쫓기듯이 먹어야 할까? 편안하게 먹을 수는 없는 걸까? 밀라노기사식당은 가게를 찾는 사람이 존중받는다고 느끼면서 편안하게 식사할 수 있기를 바라는 마음으로 과감한 운영 방식을 시도했다.

매출은 예전 같지 않지만, 밀라노기사식당은 이 방식을 지금까지 고수하고 있다. 코로나 이후에 찾아온 경기 침체로 많은 자영업자가 힘들어했다. 식자재값은 올랐는데 많은 사람이 불경기에 외식비를 줄인다. 코로나, 불경기, 죽은 상권. 밀라노기사식당이 오픈부터 지금까지 싸워 온 3개의 위기는 꼭 밀라노기사식당만의 어려움은 아니다.

1. 죽은 상권

조용한 동네. 이곳에서 살아남을 수 있을까?

→ 가오픈 기간, 300명을 초대하며 만반의 준비를 한다.

2. 코로나

사람들이 과연 찾아올까?

→ 가게를 찾는 한분 한분의 마음을 얻는다.

3. 불경기

계속 찾게 할 수 있을까?

→ 이곳을 찾고 싶게 만들어줄 특별한 고객경험을 설계한다.

Q. 가게를 처음 시작하는 분들을 위한 팁이 있는가?

A. 내가 스스로 정립한 무기는 세 가지다. 가치, 기록, 감정.

가치의 무기 l 지금 시대에 상권이 의미가 있을까? 어차피 작은 브랜드의 경쟁자는 큰 상권의 큰 브랜드가 아니다. 개인의 브랜드는 상권의 불리함을 극복하기 위해 그 이상의 '가치'가 더 중요하다. 제대로 된 제품을 선보이고, 진심으로 손님은 대하는 마음에서 가치는 점점 자라난다. 이 부분을 생각해보면 좋을 것 같다.

▶ 내 브랜드가 줄 수 있는 '나만의 가치'는 뭘까?

기록의 무기 l 처음 문을 열었을 때, 손님이 오면 몇 명이 왔는지, 뭘 먹었는지 세세하게 기록했다. 물론 처음엔 그 과정에서 큰 의미를 찾지 못했다. 그럼에도 계속 지속했다. 그런데 기록이 쌓이자 어떤 패턴과 현상을 발견할 수 있었다. 시간이 지날수록 누적된 데이터가 부족함을 개선하고 다음을 예측하는 데 큰 도움이 되었다. 기록을 지속해보자. 그게 나의 무기고가 된다.

▶ 어떤 것을 기록하고, 무엇을 개선해갈까?

감정의 무기 l 시작할 때는 많이 불안하다. 반대로 생각하면, 불안은 미래를 만드는 좋은 무기이기도 하다. 언제나 불안을 생각하고, 미래를 대비하자.

현재 나의 멘탈과 마음가짐은 괜찮은가? 처음 시작하는 단계에서는 여러 예상치 못한 상황으로 멘탈이 흔들릴 수 있다. 이럴 때 어떻게 흔들리지 않고 멘탈을 잡을 수 있을지 고민해야 오래 갈 수 있다.

▶ 나만의 멘탈 관리 습관으로 무엇을 해보면 좋을까?

_____

1인 가게는 크기보다 방향성

이제껏 만들어 온 자신만의 값진 스토리 위에 무엇을 쌓아나가고 싶은지 물어봤다. 박정우 셰프는 이제 '크기'를 키우기보다는 '방향성'을 세우고 싶다고 답했다. 브랜드를 시작하기는 했지만 우리 브랜드의 미래 모습은 어떤지, 다음 목표로 어디를 향해야 하는지, 브랜드를 어떻게 빌드업해 나가야 하는지 헤매는 브랜더가 많다. 박정우 셰프도 이와 유사한 고민을 갖고 있었다. 그래서 그다음에는 브랜딩의 방향성을 이야기해보기로 했다.

"가장 원하시는 게 뭘까요? 미래에 어떤 모습이면 만족하시겠어요?"

"제가 얼마 전에 책을 하나 냈어요. 그 책도 출판사 대표인 단골 분의 권유로 꺼내게 되었죠. 그 이후로 강의도 나가는데 갈 때마다 누군가에게 선한 영향을 줄 수 있다는 게 좋아요. 저를 세상에 더 꺼내보고 싶어요. 식당도 저도, 모두 좋은 브랜드가 되길 바라는 마음이에요."

"그럼 우리 가게와 분리해서 '인간' 박정우와 '셰프' 박정우로 가볼까요? 이렇게 질문드려 볼게요. 박정우 유니버스(세계관)가 있다면 어떤 모습일까요?"

브랜드를 만드는 '나'는 누구인가

여기서 말하는 '유니버스'란 무엇일까? 내가 몸담았던 디즈니를 예로 들어보자. 디즈니는 고객 삶의 단계별 여정과 평생을 함께한다. 어릴 때 텔레비전에서 디즈니, 디즈니주니어 같은 채널로 브랜드를 처음 만난다. 이후 아이들은 그중 하나를 특히 좋아하게 된다. 스파이더맨을 좋아해서 가방을 찾거나, 엘사를 좋아해서 드레스를 찾는다. 조금 더 크고 나서는 영화관에서 브랜드를 만난다. 이 경험이 쌓이고 나면 디즈니랜드를 찾는다. 세월이 지나고 아이를 가지면 아이와 함께 다시 디즈니를 찾는다. 일생을 함께한다는 것은 이런 의미다. 다른 말로 '라이프 사이클' '생애주기'라고도 한다. 이를 자신의 브랜드에 대입하여 '나는 고객의 어떤 순간을 어떻게 만날지' 더 나아가 '그 경험이 어떤 식으로 이어질지'를 고민하는 것이다.

이 과정에서 1인 가게나 스몰 브랜드는 특히 브랜드를 선보이는 '나'는 어떤 사람인가가 중요하다. 작은 브랜드는 큰 브랜드보다 그것을 만드는 사람이 더 드러날 수밖에 없다. 그렇다면 고객에게 매력적인 브랜드를 선보이는 '나'는 누구이며 나의 무엇이 브랜드를 세상에 꺼내도록 했는지를 말할 수 있어야 한다. 나는 어떤 순간에 고객을 만나 어떤 변화를 만들어주고 싶은지를 충분히 전달할 때 브랜더의 브랜드는 더 진정성 있게 다가간다. 그래서 브랜더에게는 각자만의 유니버스가 필요하다.

"자, 그러면 이번에는 셰프님을 꺼내볼까요? 고객의 어떤 순간을 어떻게 만나게 될까요?"

"그렇게 말씀하시니 뭔지 알 것 같아요. 저를 처음 만나는 고객의 경험과 그다음으로 이어질 여정에 관한 부분이군요."

"맞아요. 개인이 브랜드라고 한다면, 누군가 그 개인을 어떻게 만나는지, 어떤 경험을 하고 어떻게 기억하는지, 그리고 어떻게 다음을 기대할지를 그려봐야 해요. 셰프님이 세상에 기억되길 바라는 모습은 어떤 모습인가요?"

"글도 쓰고, 사람들을 만나 이야기로도 전하고…… 누군가의 멘토로 그렇게 기억되면 좋을 것 같아요."

"그 안에서 이 가게는 어떤 의미일까요?"

"내 브랜드 안에서 매장의 의미요? 매장은 쇼룸이라고 생각해요. 강의와 책으로 저를 알게 된 분들이 매장을 찾기도 하고, 또는 매장을 찾았다가 저의 책을 찾아오기도 하고. 매장은 저라는 브랜드를 가장 온전히 보여줄 수 있는 곳이겠네요. 언젠가 확장될 수도 있고, 변형될 수도 있고요. 저의 세계에 따라서요.”

"그 유니버스를 가장 좋아하는 분들은 누구신가요?”

"김해에서 기차 타고 한 달에 세 번 오는 분들도 계세요. 저 멀리 캐나다에서 해마다 찾아주는 분도 계시고요. 그 밖에 많은 사람이 있는데 이곳을 찾는 분들의 공통점은 한번 찾으면 계속 찾아주신다는 거예요. 그리고 저를 찾아주시고요.”

"박정우 유니버스 찐팬의 공통점은 뭘까요?”

"저와 비슷해요. 조심스럽고, 조금씩 가까워지는 것을 좋아하는 분들 같아요.”

"그럼 아직 박정우 유니버스를 찾지 않은 사람 중에 그런 분들을 찾아서 계속 글과 이야기를 꺼내보면 어떨까요? 정기적으로 계속해서요. 그럼 점점 더 그 유니버스가 자라나지 않을까요?”

그때부터 1인 셰프의 브랜드 방향성을 함께 정리해보는 시간을 가졌다. 이후로도 교류의 시간을 지속하며 '박정우 유니버스'라는 브랜드를 더 단단하게 만들어갔다.

그 후로 어떻게 되었을까? 2024년 한 권의 책이 더 출간되었다. 박정우 셰프는 불러주는 많은 곳을 돌아다니며 바쁘게 살아가고 있다. 그의 음식을, 이야기를, 브랜드를 찾는 전국 각지의 사람들과 만나며 셰프로, 작가로, 강사로 살아간다. 매장을 운영할 때는 가게에서 손님을 만나고, 가게를 쉬는 날에는 세상 밖에서 개인 브랜드로서 사람을 만난다. 그렇게 박정우 셰프의 브랜드는 전보다 더 자라났다. 지금도 많은 사람이 그를 찾는다. 밀라노기사식당의 셰프를 넘어, '박정우'라는 이름 하나로도. 그렇게 브랜더의 유니버스가 커져가고 있다. 그 과정에서 나는 개인 브랜드의 퍼즐 조각을 맞추는 데 도움을 주었을 뿐이다. 그가 쌓아온 포트폴리오가 있었고, 함께 그것을 정리하고 앞으로 나아갈 방향성을 그렸다.

가게는 어떻게 되었냐고? 내가 처음 방문하고 1년이 지난 후 매출이 30% 올랐다고 한다. 운영 시간부터 예약 시스템까지, 모든 것을 그대로 유지한 채로도 말이다. 어떻게 이런 일이 가능했을까? 가게가 문을 닫아도 '책'이 일을 했다. 이야기가 세상에서 점점 자라났고, 강의와 멘토링 등 다양한 곳에서 만난 사람이 다시 가게를 찾았다. 개인이라는 브랜드를 세상에 꺼내서 더 많은 사람과 만나는 일이 이처럼 본업을 더 키우는 무기로 연결되기도 한다.

브랜드의 매출과 확장도 중요하지만 그걸 만드는 '나'라는 브랜드도 항상 함께 생각하면 좋다. 마음이 공허한 사람은 돈을 벌면 남는 시간에 비싼 외제차나 명품으로 채운다고들 한다. 하지만 마음이 가득 찬 사람은 남는 시간에도 자신을 키우고 세상에 더 좋은 브랜드를 만든다. 돈만 좇다 보면 나의 시간이 점점 더 줄어들고, 결국 건강을 해쳐서 혹은 지쳐서 오래 지속하기 어려워질 수도 있다. 때론 나만의 시간을 확보해야 오랜 시간이 지난 후 더 큰 결과가 만들어지기도 한다.

어떤 브랜드를 만들고 싶다면 그걸 만드는 '나라는 사람'은 어떤 브랜드가 되어야 할지도 함께 고민해보자. 나라는 브랜드와 내가 만드는 브랜드가 하나로 모여서 더 빠르게 세상에 자라날 수 있을 것이다.

Q. 1인 가게와 F&B 브랜더에게 팁을 주자면?

A. 1인의 무기 루틴

1인 사업자는 자칫 우울감에 빠지기 쉽다. 예산도 한정적이라 보통 작은 곳에서 시작한다. 시간과 예산 측면에서 브랜딩과 마케팅을 진척하기 쉽지 않고 그러다 보면 초반에 손님이 찾지 않을 때 우울감에 빠질 수 있다. 그런 때일수록 꾸준한 운동을 해보길 추천한다. 조금은 나은 기분으로 극복해갈 수 있을 것이다. 일단 이 말을 믿고 꾸준한 운동의 습관을 시도해보자!

빈 그릇을 무기로

빈 그릇은 많은 것을 말해준다. 어떤 것을 좋아하고 덜 좋아하냐고 손님에게 묻지 않고도 알 수 있다. 나 역시 그래서 음식물이 얼마나 남는지 항상 체크한다. 먹는 것을 팔고 있다면 빈 그릇을 꼼꼼히 체크하자.

무기의 방향성

살다 보면 코로나처럼 힘든 시기가 올 때도 있다. 그럴 때 정부
의 정책에 기대거나, 세상을 예측하려고 하지 말자. 내가 바꿀
수 없는 것을 바꾸려고 하면 점점 더 힘들어진다. 그보다는 내가
무엇을 할 수 있을지부터 집중하자.

책을 무기로

나는 '첫 손님'을 기억하기 위해 글을 썼다. 그 순간을 잊을 수
없었기 때문이다. 가게가 망할 수도 있겠다 싶어서 손님의 흔적
을 인스타에 남겼더니, 그것을 보고 또 다른 손님이 찾아왔다.
이 기록들이 모여서 첫 책이 나왔다. 책은 또 다른 매장과도 같
다. 그런데 이 매장은 문을 닫지 않고 항상 열려 있다. 나만의
이야기를 남겨보자.

찐팬을 만드는 무기는?

가장 중요한 것은 고객을 존중하는 마음이라고 생각한다. 장사가
잘되든 잘되지 못하든 항상 고객을 존중하자.

밀라노기사식당의 내부
(출처: @nomad._y)

'페르소나'를 정의하면
'팬덤'이 모인다

브랜드 정의, 슬로건, 스토리, 원메시지의 차이

'초인'이라는 나 개인의 브랜드를 소개하자면, 나는 스스로를 '무기를 만드는 마케터'로 정의한다. 회사 마케터를 그만두고 '세상의 성장을 만드는 무기연구소'라는 명칭으로 초인 마케팅랩을 만들었다. 누구나 좋아하는 브랜드, 안정적인 직장을 포기하고 나만의 브랜드를 시작한 이유는 명확했다. 다양한 브랜드와 성장을 함께 만들어나가고 싶었다. 실제로 스몰 브랜드를 만드는 많은 사람을 만났다. 예비 창업자, 1인 기업부터 수십, 수백 명 규모의 회사까지. 분야도 천차만별이었다. 푸드, 커머스, 헤어, 펫, 교육, 예술 등 다양한 산업과 업종에 걸쳐 150개가 넘는 브랜드의 고민을 함께했다. 때로는 멘토로, 때로는 컨설턴트로, 때론 디렉터와 자문으로 역할이 점점 넓어졌다. 브랜드를 만드는 사람의 가장 큰 고민은 무엇이었을까?

가장 많이 들은 이야기가 바로 '브랜딩'과 '매출'이었다. 그런데 이 둘을 분리해서 생각하는 경우가 많았다.

"매출이 중요하니까 브랜딩은 나중에 하려고요."

"브랜딩은 나중에 잘돼서 여유가 생기면 해보려고요."

"마케팅은 하고 있는데 브랜딩은 어떻게 해야 할지 모르겠어요."

이 이야기를 꺼낸 이유는 '스몰 브랜드'만의 브랜딩을 말해보고 싶어서다. 브랜드 대표나 담당자를 만나서 내가 가장 먼저 하는 질문이 있다. "어떤 비즈니스를 하고 계신가요?"이다.

다양한 이야기가 나온다. 어떤 좋은 제품을 만들고 있고 누구보다 열심히 하고 있으며 또 남다른 특별한 기술을 갖고 있다고. 그런데 이런 대답에는 중요한 한 가지가 빠져 있다. 정작 고객이 듣고 싶어 하고, 기대하고, 궁금해하는 내용이 말이다.

다음은 브랜드에 관한 질문이다. "하고 계신 건 어떤 브랜드인가요?" 이제 어떤 상품인지, 어떤 채널에서 팔고 있는지에 관한 이야기가 나온다. 여기에도 빠져 있는 것이 있다. 바로 브랜드가 '누구'인지다.

"브랜드가 누구인가요?" 이렇게 질문하면 모두가 답하기 어려워한다. 그러면 질문을 하나씩 풀어보자. 브랜드가 어디서 시작했는지, 이제까지 어떤 어려움을 겪었고 무엇을 향하고 있는지. 그러면 이야기가 점점 더해져서 장대한 역사가 펼쳐지기도 한다.

이야기를 쭉 들은 후에는 이렇게 말씀드린다. "지금까지 말해주신 그 이야기를 한마디로 만들어볼까요?" 길게 풀어서 말한 브랜드의 시작부터 성장 과정을 한마디로 정리하면 그게 바로 '브랜드 정의'다. 브랜드 정의를 한 줄로 요약하면 '슬로건', 펼치면 '브랜드 스토리'다. 마지막으로 브랜드 스토리를 고객의 언어로 만들면 그것이 '원메시지'다(원메시지는 3부에서 자세히 다룬다).

브랜드의 요소 정리

- 브랜드 정의 : 브랜드가 시작하며 성장해나가는 과정의 요약
- 브랜드 슬로건 : 브랜드 정의를 고객에게 전달하는 한 줄
- 브랜드 스토리 : 브랜드 정의를 펼쳐낸 이야기
- 브랜드 원메시지 : 브랜드 스토리를 고객의 언어로 만든 한 줄

브랜드의 요소 : 밀라노기사식당의 사례

- 브랜드 정의 : 사람을 존중하는 한국식 파스타 식당
- 브랜드 슬로건 : 사람이 머물다 가는 레스토랑
- 브랜드 스토리 : 맛집에서 쫓기듯이 먹는 경험, 있지 않으세요? 시간에 쫓기지 말고 편안하게 머물다 가세요. 언제나 여기에 서 있겠습니다.
- 브랜드 원메시지 : 어서 오세요, 밀라노기사식당입니다

처음엔 비슷해 보이던 개념들이 조금씩 다르게 느껴지는가? 실제로 나는 이 방식으로 많은 작은 브랜드와 함께 브랜드가 누구인지 정의하고 세상에 꺼내고 있다. 그런데 놀랍게도 브랜드를 정의하고 나면 더 많은 팔로워가, 더 많은 트래픽이, 더 많은 매출이 따랐

다. 나의 브랜드는 누구인가? 앞의 질문에서 답을 찾아보자. 브랜드 정의는 바로 나의 경험과 머릿속에 있다.

브랜드의 진짜 고객을 그리는 페르소나

브랜드의 고객을 자세히 묘사하고 그리는 것, 그것이 바로 고객의 '페르소나persona'(가면이란 뜻의 스페인어. 여기서는 브랜드의 고객을 정밀하게 그려보는 것을 의미한다)다. 이 과정이 낯선 사람도 있을 것이다. 작은 브랜드도 그렇게까지 해야 하나? 그냥 맛있으면, 좋은 상품을 만들면 잘팔리는 거 아닌가?

답부터 말하자면, 세상에 맛있는 음식과 좋은 제품은 아주 많다. 혹시 우리 브랜드의 타깃을 합리적인 가격을 찾는 고객, 맛있는 것을 좋아하는 고객, MZ 세대 고객 같은 식으로 설정했다면, 그들은 브랜드의 타깃이 아니다. 타깃을 이런 식으로 설정하면 모든 브랜드와 무한경쟁을 펼쳐야 한다. 또 브랜드가 전하고자 하는 메시지가닿기도 전에 사라지고 만다. 전해야 하는 고객이 너무 넓고 많기 때문이다.

그러면 브랜드를 시작하고 키우는 작은 브랜드는 어떻게 하라는 건가? 처음에는 오히려 뾰족하게 좁히는 편이 좋다. 취향이 어떻고, 무엇을 좋아하고, 어느 감성을 추구하는 누구인지, 타깃의 취향과 라이프스타일을 정의한다. 밀라노기사식당이 처음부터 '동네 사람들'로만 타깃을 잡았다면 지금처럼 팬이 쌓이기 쉽지 않았을 것이다. 그런데 식당에서 만난 손님뿐만 아니라 책과 강연으로 만난 사람들로 브랜드의 접점을 넓히고 천천히 깊게 관계 맺기를 좋아하는 사람들에게 타기팅targeting 했더니 영업시간을 단축했음에도 가게는 밀도가 더 높아졌다.

식당이나 편집숍처럼 실물 매장에서 브랜딩을 한다면 밀라노기사식당처럼 가까운 지역의 고객뿐 아니라 취향으로 타깃을 넓혀볼 수 있다. 그러면 잠재고객층이 점점 넓어진다. 미래의 고객을 확보하는 셈이다. 브랜드와 만나는 세상의 면적이 넓어지고, 시간이 지남에 따라 비즈니스도 더 자라난다.

고객의 영역을 어떻게 잡느냐에 따라 비즈니스의 성장 속도는 달라진다. 처음엔 좁혀보자. 나중에는 좁은 고객에서 시작한 브랜딩이 점점 퍼져나가면서 더 많은 사람이 찾는다.

위험한 고백

: 관계를 제대로 쌓고 있는가?

어떤 메시지를 만들어야 잘 팔릴까? 어디에 광고하면 매출로 이어질까? 브랜드를 만드는 사람들이 많이 하는 질문이다. 이때 어떤 메시지를 전하고 있는지, 어디에 광고하고 있는지에 앞서서 꼭 확인하는 것이 있다. "고객과 처음 관계를 어떻게 맺고 있는가?"

"고객과 처음 관계를 어떻게 맺고 있나요?"

"네?"

"그다음에 하시는 건요?"

"그런 건 잘 모르겠고, 온라인으로 팔아서 매출 올리는 마케팅은 하고 있어요."

"성과가 좋으신가요?"

"점점 어려워지네요."

"그럼 고객에게 어떤 이야기를 전하고 있나요?"

"판매죠. 좋은 기능을 가득 담아서요."

"처음부터요?"

"네. 그래야 팔 수 있으니까요."

"그렇게 해서 결과는 좋으셨나요?"

"처음에는 조금 팔리다가 시간이 지나니까 열심히 해도 매출로 이어지지 않아서 고민이 많아요."

"저는 지금 만들고 계신 브랜드와 고객의 관계를 이렇게 생각해요. 브랜드와 고객을 남녀 사이로 봤을 때, 만나자마자 고백을 하신 거라고. 내가 만나고 싶은 이성의 마음을 사로잡고 특별한 관계로 나아가고 싶다면 뭐부터 해야 할까요? 먼저 만나서 자신이 누구인지를 알리고, 관계를 맺어가면서 나의 매력을 충분히 보여준 후에 고백해야 가능성이 커지지 않을까요?"

누구인지 모르는데 대뜸 물건부터 파는 것은 남녀가 눈을 마주치자마자 고백하는 것, 마치 '고객 공격'을 하는 것과 같다. 마음의 준비가 되지 않았는데 대뜸 고백부터 하면 상대방이 당황해서 그 자리에서 달아나거나 뺨을 맞을 수도 있지 않을까? 그렇게 되면 사실상 관계는 물 건너갔다고 봐야 한다. 물론 그 자리에서 눈이 맞아서 잠시 불이 붙을 수는 있다. 그러나 가능성은 희박하고, 오랜 시간 관계를 지속하기는 어렵다.

먼저 상대에게 비칠 '매력적인 나'를 만들어야 한다. 그것이 '브랜딩'이다. 매력적인 나를 좋아할 만한, 그리고 내가 좋아할 상대를 찾는 것이 다음 단계다. 그것이 '타기팅'이다. 그다음에 처음으로 눈을 맞추고 서로를 인식하는 단계, 점차 호감과 신뢰를 쌓는 단계, 마지막으로 고백하는 단계로 나아간다. 그 과정이 바로 관계 맺기 단계인 '마케팅'이다.

브랜딩 ― 타기팅 ― 마케팅의 차이

1. 브랜딩 = 브랜드를 가꿔서 매력적인 나를 만드는 것 = Being
2. 타기팅 = 브랜드를 좋아해줄 누군가를 찾아 다가가는 것 = Approaching
3. 마케팅 = 브랜드와 타깃을 잇는 관계 맺기 과정 = Connecting

그런데 남녀 사이와 다르게 브랜드의 고객은 한 명이 아니라 여럿이다. 그래서 고객이 한 단계씩 다음으로 나아갈 수 있도록 '고객경험'을 만들어야 한다. 누군가는 브랜드를 아는 것으로(1단계), 누군가는 브랜드를 만나서 좋아하게 되는 것으로(2단계), 누군가는 브랜드를 구매하는 것(3단계)으로 총 3단계를 나누는 것이다. 고객경험을 만들어야 하는 이유는 각각의 고객이 다른 단계에 있기 때문이다. 1단계이면서 동시에 3단계인 사람은 없다. 그 단계 어딘가에 존재한다. 브랜드와의 관계가 깊어지면서 한 단계씩 다음으로 넘어갈 때 고객은 브랜드와 마음을 나누고 신뢰를 쌓으며, 결국엔 브랜드를 구매한다. 그리고 각 단계만을 위한 콘텐츠와 고객경험 장치들이 채워져 있어야 한다.

브랜드의 3단계 관계 맺기

1단계 : 처음 브랜드가 누군지 알게 한다 = 머릿속 빌드업 = 인지
2단계 : 점차 호감과 신뢰를 쌓아간다 = 마음속 빌드업 = 선호
3단계 : 제품을 소개하고 제안한다 = 다가가서 고백하기 = 구매

당신의 브랜드는 '매력적인 누구'를 만들어가고 있는가? 단계별 경험을 만들지 않은 채 무작정 거리에 나가서 불특정 누군가에게 고백을 외치고 있지는 않은가? 그보다 먼저 매력을 가꾸고, 나의 매력과 잘 매칭될 누군가를 찾아서 다가간다면 고백 가능성은 훨씬 커진다. 자, 다음부터는 그 방법을 하나씩 알아보도록 하자.

브랜드 무기 TIP
: 고객과 관계 맺는 3단계

브랜드를 매력적으로 만들 질문을 준비했다. 아래의 질문을 곰곰이 생각해보고 글로 적어보자. 규칙은 같다. 생각은 깊이 하되 글은 쉽고 단순하게. 그러면 나의 브랜드를 정의하는 데 좋은 힌트를 얻을 것이다.

1. 브랜드는 어디에서 시작되었는가?

_____

2. 브랜드는 누구를 위해 존재하는가?

_____

3. 브랜드는 어떤 변화를 만들고 있나?

_____

고객의 마음을 사로잡는 브랜드를 만드는 구체적인 순서를 알아보자. 다음 세 단계를 하나씩 떠올려보고 적어보자. 유의할 점은 두 가지다. 심플하고 명확하게, 누구라도 이해하기 쉽게 적는다.

1단계 : 매력적인 첫인상 만들기 – ① 브랜드가 누구인지를 ② 어디에서 ③ 어떤 콘텐츠로 전할까?

2단계 : 하나씩 관계를 쌓아가기 – ① 브랜드의 어떤 가치를 ② 어디에서 ③ 어떻게 지속적으로 전할까?

3단계 : 고백하기 – ① 고객에게 언제 ② 어떤 변화를 이야기하며 ③ 브랜드와 만나자고 할까?

마케팅을 해보지 않았더라도, 혹은 경험이 충분하지 않아도 쉽게 따라올 수 있다. 진짜 효과적인지, 실제로 적용 가능한지 의심스러울 수도 있다. 결론부터 이야기하자면, 이 책에서 소개하는 모든 브랜드가 이 방식으로 빠르게 성장했다. 1부에서 소개한 봄마음은 광고 없이 크라운드 펀딩 목표 30배 이상 달성했고, 3부에서 소개할 아르프는Arp 미슐랭 브랜드가 되어 전 세계에서 팬들이 찾아오고 있다.

고백 공격과 고객 공격

브랜딩은 '매력적인 누구를 정의하는 과정'이고, 마케팅은 그 매력적인 사람을 '좋아할 만한 사람에게 알리는 과정'이다. 브랜딩 없이 마케팅만 한다면 잘 꾸미지도 않은 상태에서 무작정 소개팅만 계속하는 일과 같다. 그리고 만나자마자 고백한다. 결과는 어떨까? 예상하듯이, 뺨을 맞거나 잘 안될 것이다. 현실에서는 이를 '고백 공격'이라고 한다. 브랜딩에서는 '고객 공격'이다.

누군가를 만날 가능성을 높이려면 나의 매력을 잘 알고 꾸며야 한다. 사귀고 싶다면 고백하기 전에 충분한 친밀감을 만들어야 한다. 고백은 만나자마자가 아니라 충분한 관계를 맺고 난 후 해야 한다는 사실을 기억하자.

팬이 되고 싶게 만드는 두 가지 비결

1인 셰프의 골목 가게 이야기로 돌아가보자. 시작부터 3개의 위기에 봉착한 밀라노기사식당에 손님이 모여든 첫 시작은 바로 진심을 담은 '콘텐츠'였다. 손님이 한번 찾은 후에는 예약부터 방문, 매장을 떠나기까지의 경험을 철저히 고객 관점으로 설계하여 방문이 다시 이어지도록 했다.

앞에서 나의 브랜드를 정의하는 것과 내가 바라는 고객 상을 그려보는 일의 중요성을 살펴보았으니, 여기서는 더 구체적으로 그 매력을 표현하는 방법, 고객경험을 설계해서 팬덤을 쌓는 방법을 알아보도록 하자.

1) 지속형 콘텐츠
: 스토리를 어떻게 고객에게 전할까?

작은 브랜드일수록 무엇을 해야 할까? 정답은 스토리로 차별화하는 것이다. 그렇다면 스토리를 어떻게 전할까? 가장 좋은 방법은 고객에게 '콘텐츠'의 형태로 지속적으로 전하는 것이다. 그다음엔 만든 콘텐츠를 어디에 담는 것이 좋냐는 물음이 남는다. 네이버 플레이스? 스마트스토어? 홈페이지? 많은 고객이 일상적으로 찾고 이용하는 SNS가 가장 좋다. 그런데 세상에는 수많은 SNS가 존재하고, 무엇부터 해야 할지가 고민이다.

연령과 성향에 따라 타깃 고객층이 주로 사용하는 디지털 채널이 다르지만 넓게 꾸준히 이어가기 좋은 채널은 인스타그램과 네이버 블로그다. 인스타그램은 10대 미만부터 50대까지 가장 많은 시간 사용하는 SNS이며 사용자는 5년간 1241만명에서 2430만명으로 95.8% 증가했다(2024년 기준, 출처: 와이즈앱). 네이버 블로그의 경우 2020년 대비 2024년 전체 창작자 수가 30% 증가했는데, 10~30대 창작자 증가율이 45%에 달한다. 같은 기간 월간 사용자 수도 244만에서 294만으로 20%가 늘었다. 시간이 지나도 인스타그램과 네이버 블로그가 여전히 플랫폼형 채널과 검색형 채널 가운데 가장 높은 사용자 수와 트래픽을 만들고 있다. 이곳 채널에서 나만의 스토리를 담은 콘텐츠를 지속해서 만들어보자.

유행하는 방식만을 따라가서는 오래 지속하기 어렵다. 가장 강력한 방식은 우리만의 포맷을 만들어서 지속하는 것이다. 돌을 가공해서 만드는 'o' 업체의 대리는 3년 동안 돌을 소개하는 쇼츠를 계속 올렸더니 한번은 영상 하나가 히트 치면서 1000만 뷰가 나왔다. 그 인기로 뉴스에도 소개되었고 화제가 되자 비즈니스 성장이 잇따랐다. 또 다른 사례도 있다. 한 치킨집 사장이 하루도 빠짐없이 깨끗이 정리한 주방의 모습을 올린 콘텐츠가 커뮤니티에서 화제가 되었다. 콘텐츠로 쌓인 신뢰는 연이은 치킨 주문으로 이어졌다. 방송에서 밝힌 바로는 매출이 3배 이상 늘었다고 한다.

여기서 포인트는 어느 하나의 콘텐츠만으로 잘되지 않았다는 사실이다. 지속적으로 이어가다 보니 결국 세상에 발견되었다. 콘텐츠가 한순간으로 끝나면 팬이, 브랜드 경험이 뒤따르기 어렵다. 놓치지 말아야 할 점은 꼭 진정성이 담겨야 한다는 것.

앞서 소개한 박정우 셰프 역시 이런 지속형 콘텐츠의 무기를 만들었다. 고객의 빈 그릇을 찍어서 글과 함께 꾸준히 올리면서, 밀라노기사식당을 모르는 사람에게는 가게를 알렸고 찾아준 사람에게는 감사의 마음을 전했다. 큰 브랜드는 지속형 콘텐츠를 만들기가 쉽지 않다. 주위에서 보는 눈이 많으니 하고 싶어도 하지 못하는 경우가 많다. 그런데 작은 브랜드는 온전히 브랜드를 만드는 사람의 마음에 달렸다.

지속형 콘텐츠가 쌓이면 좋은 점이 또 무엇이 있을까? 시간이 지나 그것이 책으로 나올 수도 있다. 처음부터 책을 쓰려고 하면 어디서부터 무엇을 해야 할지 막막하다. 그런데 쌓아놓은 지속형 콘텐츠가 책으로 연결되기는 상대적으로 쉽다. 그렇게 탄생한 책은 개인의 브랜드를, 가게의 브랜드를, 상품의 브랜드를 빛내주는 중요한 역할을 한다. 박정우 셰프의 책《어서 오세요, 밀라노 기사식당입니다》(예문당, 2022)도 빈 그릇을 올린 콘텐츠에서 시작되었다는 사실을 기억하자.

고객에게 전하고 싶은 나의 스토리를 콘텐츠에 담아서 꾸준히 꺼내보자. 시간이 지나서 콘텐츠가 내가 찾던 고객에게 말을 건네는 순간을 발견할 것이다. 콘텐츠는 내가 잠을 잘 때도, 가게가 문을 닫을 때도, 늦은 시간에도 브랜드를 위해 일하는 무기가 되어 있을 것이다.

2) 팬덤
: 고객경험으로 만드는 '찐팬'

1인 가게, 1인 브랜드의 공통점이 한 가지 있다. 성향, 취향, 사람과 삶을 대하는 태도까지 다양한 면에서 자신과 닮은 사람이 가게와 브랜드에 모인다. 그러니 만나고 싶은 특정 고객이 있다면, 자신이 그런 사람이 되는 것이 먼저다. 먼저 매력적인 나를 만들면 비슷한 사람이 하나둘 찾아오고 거기서부터가 작은 팬덤의 시작이다.

모든 브랜드에서 가장 중요한 부분이 바로 '고객경험'이다. 짧게라도 잊을 수 없는 경험을 하면 그때의 좋은 기억으로 고객은 다시 찾아온다. 좋은 고객경험이 '재방문' 그리고 '재구매'로 이어진다. 이 과정이 계속 이어지면 고객이 '단골'이 되고 그것을 넘어 '찐팬'이 된다.

단골과 찐팬의 차이는 뭘까? 단순하게 정의하자면 단골은 그곳을 자주 찾는 사람이고, 찐팬은 마음을 담아 응원하는 사람이다. 단골이 찐팬이 되면 어떤 일이 일어날까? 어떤 가게가 문을 닫으면 왜 닫았는지, 무슨 일이 있는지를 알아주고 자발적으로 도움을 주기도 한다.

책이나 드라마에서만 가능한 일이 아니라는 것은 밀라노기사식당의 이야기로 이미 확인했다. 여기서는 그 이면의 이야기를 조금 더 자세히 풀어볼까 한다. 밀라노기사식당은 잠시 재충전과 재정비의 시간을 갖고자 두 달 넘게 가게 문을 닫는다. 단골손님들이 그 시간 동안 가게를 찾지 못할 것에 마음이 편치 않았던 박정우 셰프는 먼저 손님들에게 잠시 자리를 비웠다가 돌아와도 괜찮을지를 물어보았다고 한다.

놀랍게도 하나같이 걱정하지 말고 다녀오라고 이야기했다. 가게가 비는 동안 혹시라도 관리가 잘못될까 봐 자처해서 정기적으로 가게를 돌봐주기까지 했다. 웃자란 풀을 정리하고 앞마당을 쓸고 한

번씩 시설을 점검해주는 것만으로도 가게는 좋은 상태로 유지되었다. 아무리 말려도 손님의 진심까지는 막을 수 없었다. 그렇게 쉼의 시간을 가진 후 두 달 만에 오픈한 가게는 어땠을까? 다시 예약이 가득 찼다. 재오픈을 기다리던 찐팬들이 다시 찾아왔다.

브랜드와 찐팬의 관계가 형성되었기에 가능한 일이었다. 찐팬들은 박정우 셰프가 어디에서 어떤 브랜드를 하더라도 그를 지지하고 응원하고 찾아주는 가장 든든한 조력자가 되어주었다. 1만 명의 지나가는 사람보다 나를 응원해주는 100명의 팬을 만드는 것이 더 중요하다.

제품 경험과 브랜드 경험의 선순환 모델

나의 브랜드는 어떤가? 바쁜 현실에 고객 한 사람 한 사람의 마음을 놓치고 있지는 않은가? 지치고 힘들어서 눈앞에 놓인 고객의 불편함을 외면하지는 않았는가? 어떻게 더 나은 고객경험을 만들 수 있을지, 어떻게 계속해서 더 나은 경험으로 나아갈 수 있을지 끊임없이 고민하고 다가가야 한다.

처음에는 한두 명일지라도 점점 더 많은 사람이 브랜드의 진심을 알아줄 것이다. 시간이 지나면 고객을 넘어 찐팬으로서 지지해주는 사람들의 마음이 느껴질 정도로 그 수가 많아진다. 그렇게 모인 마음은 아무리 힘들어도 일을 계속해나가는 원동력이 되어준다.

많은 브랜드가 제품의 인지와 구매, 즉 '제품 경험'만 생각한다. 제품 경험을 '브랜드 경험'이라는 개념으로 확장하려면 두 가지가 더 추가되어야 한다. 고객이 브랜드에 어떻게 참여하게 할 것인가? 다음에 브랜드에 무엇을 기대하게 할 것인가? 이들이 서로 연결되면 제품 경험을 넘어 브랜드 경험까지 브랜드가 제공할 수 있는 영역이 넓어진다.

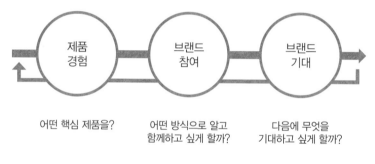

어떤 핵심 제품을?　　어떤 방식으로 알고　　다음에 무엇을
　　　　　　　　　　함께하고 싶게 할까?　기대하고 싶게 할까?

브랜드 경험 순환 모델

쉬운 설명을 위해 내가 직접 담당했던 브랜드 노티드를 꺼내보자면, 노티드 역시 브랜드 경험 순환 모델을 따른다. 도넛·케이크·음료의 제품 경험과 함께 콜라보·굿즈·팝업·캐릭터로 고객이 브랜드에 참여하고 놀 수 있도록 유도한다. 브랜드에서 특별한 경험을 한 고객은 다음에 찾아올 매장과 메뉴도 기대하게 된다. 브랜드 경험이 다시 제품 경험으로 이어지는 흐름이다. 한 번을 넘어 재방문, 재구매를 만드는 노티드만의 비결이다.

도넛, 케이크, 음료　　　콜라보, 굿즈, 팝업, 캐릭터　　　신메뉴, 신매장

노티드의 브랜드 경험 순환 모델

이런 순환 모델이 '도넛'이라는 노티드만의 강력한 무기가 있기 때문에 가능하다는 생각이 드는가? 아직 시작도 하지 않은 작은 브랜드도 가능하다. 오픈도 하지 않은 골목의 작은 가게가 브랜드 경험을 만들어간 과정을 만나보자.

정확히 누구에게
가고 있는가?

가오픈을 하기 전부터 단골이 생긴 집이 있다. 심지어 혼자서 운영하는 1인 가게다. 사장이 유명한 셰프인가? 아니면 인플루언서? 모두 아니다. 그런데도 어떻게 오픈도 하기 전부터 단골이 생길 수가 있는가? 여기서 잠깐 내가 함께했던 브랜드의 이야기를 소개해볼까 한다.

망원동에 한 카레집이 문을 열었다. 인연이 닿아 오픈 전 브랜딩과 고객경험 설계 과정에 참여하게 되었다. 함께 브랜드를 점검하고 고객경험을 촘촘하게 만들어가면서도 기본에 충실한 맛있는 메뉴, 일본 애니메이션 스튜디오 지브리 감성의 만화적 공간까지 잘 갖춰져 있었기에 어느 정도 잘될 것을 예상하기는 했다. 계획 수립을 마치고 난 후 가게가 오픈하면 다시 만나기로 했다.

오픈도 안 한 카레집에
팬이 생긴 이유는?

오픈 후 가게에서 다시 만난 사장님은 다소 지쳐 보였지만 좋은 에너지로 가득 차 보였다. 이야기를 나누면서 놀라움을 금치 못했다. 준비된 재료가 소진되어 매일 조기마감을 하고 있다고, 그래서 재료를 늘릴지 계속 유지할지를 고민하고 있다는 것이다.

무기의 코멘트

Q. 가게가 잘되면 바로 재료를 늘려서 손님을 최대한 확보하는 것이 좋지 않은가?

A. 초반에 손님이 많이 온다고 바로 준비 수량을 늘리는 것은 위험하다. 흔히 '오픈발'이라고 하는 시작 구간이 지나고 찾는 손님이 줄어들면 고스란히 재고로 남기 때문이다. 특히나 1인 가게에 재고는 큰 부담이다.

가게가 대로에 자리한 것도 아니다. 골목에 위치한 작은 가게가 오픈하자마자 손님이 바로 찾는다니, 신기한 일이었다. 심지어 함께 계획했던 마케팅을 본격적으로 실행하기도 전이었다. 조금 더 대화를 나누고 나자 비밀이 드러났다. 알고 보니 그에게는 한 가지 무기가 있었다. 특별한 것도 아니었다. 누구나 할 수 있을 만한 것이었다. 바로 동네 사람들과의 감정적 교감이었다.

처음 오픈 준비 기간에는 어려움이 많았다고 한다. 비용을 아끼려고 샀던 중고 냉장고가 고장 나고, 새로 산 냉장고가 또 고장 나서 가오픈이 거듭 미뤄졌다. 의도치 않게 '가오픈 예정'으로 입구에 걸어놓고, 그 상태로 한 달이 지나갔다. 그동안 많은 사람이 거리를 오가며 오픈 전 가게의 모습을 보았다. 보통은 어떤 가게인지 슬쩍 보고 가곤 했다고 한다. 상권이 빨리 바뀌는 망원동 골목에서 사람들은 왜 가오픈 '준비' 중인 가게를 궁금해했을까? 지나가면서 한번씩 고개를 기웃거린 사람은 동네 주민일 수도, 바로 옆 다른 가게 사장일 수도, 혹은 근처에서 일하는 사람일 수도 있다. 그게 누구든 사람이 지나갈 때마다 먼저 말을 건넸다고 한다.

"안녕하세요."
"여기 밥집이에요? 언제 오픈해요?
"카레집이에요. 잠깐 들어오셔서 차 한잔 드시고 가세요."
"계속 오픈 예정으로 보이던데요?"
"준비하다 보니 자꾸 미뤄지네요. 저도 언제 할지 모르겠어요 하하. 오픈하면 맛있는 카레 드시러 오세요."

싹싹한 청년 소리도 듣고, 인근 상인들 그리고 주민들과 계속 교감이 만들어졌다. 의도치 않게 한 달이 미뤄지면서 그사이 몇 번을 만난 사람들과 관계가 쌓였다.

"이제 진짜 오픈하나요?"

"오래 기다리셨죠? 진짜로 다음 주에 합니다!"

"드디어 먹어볼 수 있겠네!"

조금 늦은 가오픈과 함께 가장 먼저 가게를 찾은 건 동네 사람들이었다. 카레는 크게 호불호도 없고 빠르게 먹을 수 있어서 인근 상인과 직장인들이 좋아했다고 한다. 가오픈 전에 교감을 나누었던 사람들과 새롭게 방문한 사람들까지, 말이 오가면서 감정적 유대가 커졌다. 그랬더니 예상치 못하게 가오픈부터 계속 손님이 찾았고, 예상보다 빠르게 재료가 소진되는 날들이 이어졌다.

의도하지 않았지만 오픈이 늦어졌고, 그 과정에서 동네 사람들의 관심과 격려에 힘을 얻었다. 그러면서 새삼 알게 된 사실이 있다면, 시작하기도 전에 연결이 만들어지면 그 사람들이 첫 고객이 되어준다는 것, 감정적 유대감도 하나의 무기라는 것이었다. 여기서 반전 하나가 더 등장했다.

"잘됐네요. 그런데 사장님 원래 많이 사교적이신가 봐요?"

"아뇨, 엄청 내향적이에요. 처음 보는 사람과 말 잘 못해요."

망원동 골목 카레집 '새벽카레'의 이야기다.

시작은 가까이 있는 고객부터

멀리 있는 고객도 물론 중요하다. 하지만 오프라인을 기반으로 하는 가게의 경우 가까이에 있는 고객부터 잡아야 한다. 이때 많은 고민이 발생한다. 가까운 고객의 마음을 사로잡는 방법은 무엇인가?

그런 의미에서 오픈 전 브랜딩을 함께한 망원동 새벽카레의 사례는 인상적이었다. 조용한 골목에 위치한 조그마한 카레집이 오픈하자마자 매일 재료가 소진되는 일이 일반적이진 않지 않은가. 누가 들어도 신기할 법한 이야기다. 매장이나 회사를 운영하다 보면 감정의 측면을 놓치기 쉽다. 하지만 작은 브랜드일수록 감정적 유대감은 이처럼 큰 무기가 된다. 여기에는 시간과 비용이 많이 들지도 않는다.

물론 빠르게 단골이 생긴 이유는 그것만이 전부가 아니었다. 맛있는 카레를 합리적인 가격에 빠르게 먹을 수 있으니 여러모로 본질이 탄탄했다. 본질에 관계가 더해져서 브랜드의 무기가 탄생했다.

나의 브랜드는 새로운 무언가를 시작하기 전 누구와 교감하고 있는가? 준비 과정을 어디에서 보여주고 있는가? 그 과정에 찾아오는 사람들에게 어떻게 다가가고 있는가? 다가오는 사람들은 어떤 모습을 한 누구인가? 그 사람들과 관계를 쌓고 있는가?

시작하기 전부터 다가오는 사람들은 잊지 말자. 그 사람들이 우리 브랜드의 중요한 고객이고, 팬이 될 사람들이다.

고객을 만드는 과정에서 유의해야 할 두 가지

1. 기존 고객을 놓치지 말 것

많은 사람이 새로운 고객을 잡느라 기존 고객을 놓치는 실수를 범한다. 기존 고객과의 연결고리, 새로운 고객으로의 확장 두 가지 모두 놓치지 않도록 주의하자.

2. 모든 고객을 잡으려고 하지 말 것

모두의 마음을 사로잡으려다가는 아무도 잡지 못한다. 고객을 선택하라는 의미가 아니다. 다가가야 할 고객의 우선순위를 정하라는 뜻이다. 가장 먼저 다가가야 할 고객이 누구인지부터 구체적으로 그려보자. 그리고 다가간다. 마음의 문을 연 고객은 주위 비슷한 그룹의 사람들에게 우리 브랜드를 선뜻 먼저 알릴 것이다.

> **"우리 브랜드를 모두가 알았으면**
> **좋겠다는 생각은 위험할 수 있어요."**
>
> – 《그래서 브랜딩이 필요합니다》 저자 전우성 디렉터,
> 초성장 프로그램 〈워스픽샷〉에서

지역 사람들과 끈끈한 관계로 시작한 새벽카레의 1년 뒤 모습은 어땠을까? 넉살 좋은 인사로 시작된 관계가 더 깊어졌다. 비결은 고민상담이었다. 고객들의 이야기를 들어주고 맞장구치는 과정에서 신기하게도 많은 사람이 속 깊은 고민을 꺼낸다고 한다. 연령대와 고민 주제도 다양하다. 미래가 고민인 고3 수험생부터, 아이가

키가 자라지 않아 고민인 엄마까지. 이곳에 오면 모두 고민을 털어놓는다. 카레를 먹으면서 어디 가서 나누기 어려운 이야기를 꺼내는 순간 마음의 위안을 받는 특별한 경험이 펼쳐진다. 대표 한 사람이 운영하는 작은 가게이기에 가능한 무기일지도 모른다. 사람이 많고, 넓은 곳에서는 어려울 수 있다.

한번은 덜 바쁜 시간에 찾아와 세 시간 동안 고민을 꺼낸 손님도 있었다고 한다. 심지어 같은 동네에서 장사하는 다른 가게 사장님들도 찾아와서 고민을 털어놓는다. 어떤 고객은 그를 '국가공인 고민상담사'라고 부른다. 속내를 나눌수록 다른 곳과 비교할 수 없을 정도로 브랜드와 고객 사이의 관계가 깊어졌다. 이제 손님은 단순히 손님을 넘어선 그 이상 존재가 되었다. 손님에게도 가게가 특별한 공간이 되었다. 작은 가게라면 새벽카레처럼 다른 큰 가게에서 할 수 없는 '고객 밀착'의 무기를 활용해보자.

새벽카레는 1년째 여전히 매일 준비된 재료를 소진하며 조기마감을 하고 있다. 시작하는 작은 브랜더로서, 나는 어떤 무기를 가질 수 있을까?

시작 전부터 고객을 만들어 키워가는 7단계

1. **과정의 오픈** : 브랜드의 준비 과정을 꺼내 보인다. 제품은 온라인에서, 매장은 공간과 온라인 모두에서.
2. **고객의 발견** : 가장 가까이에 있는 고객이 누구인지 살핀다. (지역, 접근성,

브랜드와의 연관성 등 고려)

3. **관계의 시작** : 준비 과정에서 다가오는 고객이 있다면 진심을 다해 알리고, 관계를 맺는다.

4. **관계의 구축** : 오픈 후에 찾는 초기 고객과 관계를 쌓고, 후기를 요청하여 모은다.

5. **후기의 반영** : 좋은 후기는 보이도록 꺼내고, 부족한 후기는 바로 개선한다.

6. **고객의 확장** : 고객과의 상호작용을 본 또 다른 고객이 브랜드를 찾으면서 고객이 더 확장된다.

7. **고객의 팬덤** : 처음 관계를 맺은 고객과의 끈을 놓지 않는다. 특히 브랜드 시작 단계의 고객은 팬이 될 가능성이 높다.

. . .

2부에서는 먼저 브랜드를 정의한 후 빌드업하는 무기를 만나보았다. 작은 가게, 1인 브랜드는 무엇부터 만들어야 할까? 한 명의 찐팬이다. 찐팬 1명을 10명으로, 10명을 100명까지 만들어보자. 찐팬을 늘리기 위해서는 단계별 고객경험 설계가 필요하다. 눈길을 끌고, 호감과 신뢰를 쌓고, 구매가 재구매로 이어질 만한 경험을 제공하면서 각 단계에 있는 고객이 다음 단계로 넘어갈 수 있게 만드는 것이다. 이때 꾸준히 지속하는 '진정성 콘텐츠'가 각 단계에서 고객의 마음을 사로잡는 장치가 될 수 있다.

중요한 한 가지가 더 있다. 본격적인 시작 전부터 고객을 만들자. 브랜드 준비 과정을 보여주자. 이때 다가오는 사람이 있다면 바로 이들이 우리 브랜드의 소중한 잠재고객이자 초기 팬이다.

기존 고객이 다음 단계로 나아가면 거기에서 또 새로운 고객이 파생하는 순간이 따라온다. 고객의 마음을 사로잡는 것이 무기의 핵심이다. 시작해서 키워가는 작은 브랜드라면 꼭 기억하자.

다음 3부에서는 브랜드를 어떻게 차별화할지, 시그니처와 원메시지가 무엇이며 어떻게 만들 수 있는지를 살펴보려고 한다. 3부에는 중요한 내용이 많이 담겨 있으니 놓치지 말자.

그래서 브랜드는 누구인가?
"한 명의 고객부터 새기자!"

3

레드오션에서 살아남는
차별화의 무기들

: 잘 만든 시그니처가 최고의 경쟁력

논비건을 위한 비건푸드,
아르프

가게 80군데를 돌면서 찾은 차별점

N잡이라는 말을 많이 들어보았을 것이다. 하나의 일을 넘어 여러 일을 하는 사람을 말한다. 여러 일을 동시에 하다 보면 사이드잡(부업)이 메인이 되는 순간이 탄생하기도 한다. 회사원 출신의 배우, 차량 정비공 출신의 셰프, 조사원 출신의 부동산 전문가. 하나의 직장에 머물기보다 여러 직업으로 변신을 거듭하는 시대다. 그러다가 새롭게 시작한 일이 하나의 브랜드로, 더 큰 비즈니스로 이어지기도 한다. 이번에는 직업을 바꾸고 자신만의 브랜드를 만든 어느 한 브랜더의 이야기를 해볼까 한다.

고기를 먹지 않고 야채만 먹고 살아가는 사람들이 있다. 비건 인구는 전 세계적으로 점점 늘어나는 추세다. 특히 인구 7000만의 영국에서는 16%가 채식주의자이고 2024년에는 전년 대비 100만 명 넘게 늘었다고 한다. 국내에서도 비건 시장은 성장하는 추세다.

비건 음식을 전문으로 하는 식당에 가보았는지 모르겠다. 그런데 그 식당이 섬에 있다면? 심지어 미슐랭 Michelin 에 올랐다면? 가게 사장이 유명한 셰프도 아닌 요식업을 경험해본 적 없는 사람이라면? 들을수록 더 궁금해진다. 비건이 아닌 사람도 찾고 열광하는 비건 식당 'Arp(아르프)'의 이야기다.

영도에 있는 이곳에 전 세계의 사람이 찾는 이유는 무엇일까? 비결은 비건만이 아니라 비건이 궁금한 논비건을 위한 음식, 비건이 아니어도 즐길 수 있는 맛있는 비건 음식을 선보인 데 있었다. 아르프의 스토리에서는 고객을 어떻게 정의했는지부터 아르프만의 시그니처로 차별화된 브랜딩을 만든 방식까지 만나볼 수 있다.

섬에 있는 미슐랭 식당 아르프의 이야기를 시작해보자.

대한민국 땅끝에서
비건 식당으로 살아남기

Q. 원래 비건이었나? 어떻게 비건 브랜드를 시작하게 되었는가?

A. 아니다. 원래 채식을 하고 싶었지만 쉽지 않았다. 사회생활을 하면서 사람을 많이 만나야 하기도 했다. 당시 한국에서는 채식이 유별나다는 인식이 있었다. 그러다가 네 번째 직업을 시작하면서

영도에서 비건 생활에 본격적으로 도전했다. 나에겐 다수보다 소수의 가치가 더 특별하게 다가왔고, 또 그게 익숙하게 느껴졌다. 그런데 영도라는 곳에는 비건을 경험할 수 있는 곳이 없었다. 비건을 향한 편견도 여전했다. 오히려 그래서 '영도'에서 '내가' 할 의미를 찾을 수 있었다. 주목받지 않는 공간에서 비건의 가치를 더한 브랜드를 세상에 꺼내 보이고 싶었다.

2023년 가을, 부산을 찾았다. 한 프로그램의 멘토로 소상공인에게 마케팅과 브랜딩을 도와주게 되었다. 하루 동안 여러 브랜드 대표와 마케터를 만나면서 브랜드를 점검하고 문제점과 개선점을 탐색해보는 시간을 가졌다.

이곳에서 강렬한 인상의 한 남자를 만났다. 가죽 라이더 재킷에 캡모자를 쓰고 수염이 가득한, 할리 데이비슨을 타고 등장할 것만 같은 분위기의 소유자였다. 놀랍게도 정체는 비건 브랜드를 운영하는 사장. 실제로 본인도 육류를 섭취하지 않고 야채만 먹는 비건이었다. 나는 비건을 자세히는 알지 못하는 상황이었다. 먼저 브랜드 이야기를 들어보기로 했다.

"사장님은 어떤 고민이 있으신가요?"

"이것저것 생각은 많고 해보고 싶은 것도 많은데 정리가 되지 않아요. 마음은 앞서는데 뭐부터 어떻게 해야 할지 모르겠어요."

"그러면 같이 정리하고 방향성을 찾아가 볼까요? 매장의 위치
가 혹시 어디인가요?"

"영도라는 섬에 있어요."

"영도라면 배랑 선착장 있는 그곳이요?"

"맞아요. 그 부근 골목에 있습니다."

위치부터 놀라웠다. 섬에 위치한 비건 식당이라니. 난이도가 꽤
있어 보였다. 비건 식당을 오픈한 지 2년 차, 손님은 꾸준히 찾는 상
황이라고 하니 궁금증이 커졌다. 심지어 식당을 오픈하기 전에는 숙
박업, 티하우스, 영상 편집, 사진 촬영 등 몇 년 주기로 직업을 바꾸
며 일을 해왔다고 하니 그런 사람이 선보이는 비건 브랜드는 무언
가 다를 것 같았다.

"이 브랜드의 타깃은 누구인가요?"

"딱히 정한 적은 없어요. 그런데 꼭 비건으로 한정하지는 않았
으면 해요. 채소 요리도 충분히 맛있다는 걸 알리고 싶어요."

"그러면 누구라도 오셨으면 좋겠다는 말씀일까요?"

"그건 아니에요. 아르프라는 브랜드의 가치를 느끼고 공감할 수
있는 분들이 함께하시면 좋을 것 같아요. 모든 사람에게 전하기
에는 아직 저희가 준비가 안 된 것 같아서요."

"혹시 전하고 싶은 메시지가 있으신가요?"

"비건의 가치를 전하고 싶어요. 꼭 비건이라는 말을 하지 않고요. 아르프는 그 프로젝트의 첫 번째 콘텐츠예요."

명확한 문장으로 정리되어 있지는 않았지만, 아르프라는 브랜드는 잘 정의되어 있었다. 그걸 끄집어내서 한 줄로 만드는 과정이 필요한 상황이었다. 몇 가지 조사를 하면서 국내 비건 비율이 2%*라는 정보를 보고 들었던 생각을 말씀드렸다.

"비건의 비율을 보니까 국내에 2% 정도라고 하네요. 그러면 브랜드 타깃을 비건이 아닌 논비건으로 가볼까요? 나머지 98%가 경험할 수 있는 브랜드로 정의하는 거죠."

"비건이 아닌 논비건이라. 좋네요."

"그런데 대중 다수를 향하면 너무 넓어지니까요. 비건으로 살아갈 자신은 없지만, 한 번쯤 경험해보고 싶은 잠재적 비율이 있을 거예요. 이들의 모수를 10배로 잡고 이렇게 타깃을 정해보면 어떨까요. 비건은 아니지만 비건을 한 번쯤 경험해보고 싶은 논비건 20%."

---

* 한국채식연합 자료에 따르면 국내 전체 인구의 약 2~3%가 비건으로 추정된다. 약 100만 명에서 150만 명 규모.

"그렇게 하니까 좀 좁혀지는 것 같아요! 그런데 그 20%를 어떻게 잡아보죠?"

"취향과 라이프스타일로 좁혀가는 거예요. 사장님의 SNS 계정을 보니까 콘텐츠 하나하나가 감각적이고, 전하고자 하는 메시지가 뚜렷이 느껴졌어요. 앞으로도 콘텐츠를 만들 때 그 안에 아르프의 메시지를 담아서 꾸준히 전하는 거예요. 반응하는 분들이 계실 거예요."

"제가 이미지는 잘 만들 수 있는데, 문구를 만들기가 참 어렵더라고요. 그리고 취향과 라이프스타일로 접근하는 걸 어떻게 해보면 좋을지 도움을 주실 수 있을까요?"

그렇게 계속 대화를 이어 나가다가 결국 몇 개월을 함께해보기로 했다. 섬에서 시작해서 점점 성장하고 있는 아르프라는 브랜드가 흥미로웠고, 성장 가능성 또한 커 보였다. 사장님의 감각이 남달랐기에 브랜드를 정의하는 부분에 도움을 주면 보다 빠르게 성장할 수 있으리라는 생각도 있었다. 그렇게 하루아침에 섬에 있는 비건 식당 브랜드, 아르프의 파트너 디렉터가 되었다.

Q. 원래부터 F&B 분야를 생각했는지?

A. 사실 내 인생에 식당이라는 단어는 이전까지 한 번도 없었다. 음식을 전문적으로 배워본 전문가도 아니었으니 말이다. 그러다가 한 창업 프로그램에서 두부에 비건의 가치를 더해서 선보였다. 두 달 넘게 프로그램에 참여하면서 창업에 이해를 더하고 짧은 기간이나마 팝업도 경험해보았다. 그때 처음으로 F&B를 생각해보았고 비건 음식을 본격적으로 찾아다녔다. 부산에는 비건 식당이 15개 정도 있고, 메뉴를 취급하는 곳까지 더하면 30여 곳이 있었다. 서울에는 50여 개가 있다. 그곳을 모두 방문하고 나서 서울은 비건에도 장르가 세분화되어 있다는 사실을 깨달았다. 차이니즈 비건, 한식 비건, 퓨전 비건, 비건 다이닝…….
비건으로 F&B를 하려면 차별화가 필요하겠다는 결론에 도달했다. 뾰족하게 장르를 쪼개기로 했고 그래픽 디자이너 시절의 경험과 로컬 기획 당시의 경험을 더해서 답을 찾았다. 예상하지 못한 기회에 새로운 방향을 찾기도 하는 것 같다.

Q. 식당 80군데를 모두 방문하면서 어떤 비건 브랜드를 그려보게 되었나?

A. 많은 곳을 방문하면서도 왠지 모를 아쉬움이 남았었다. 모든 사람이 진심을 다해 비건 식당을 운영하고 있었지만, 대중과는 거리가 먼 부분도 많았다. 이를테면 비건이 좋다는 메시지가 담긴 어떤 문구는 다소 무겁게 느껴졌다. 자칫하면 대중에게 비건이란 어렵고 낯선 것이라는 선입견을 줄 수 있겠다고 생각했다. 그래

서 그린, 베지, 플랜트 같은 직관적인 비건 이름을 쓰지 않겠다고 결심했다. 비건이지만 비건을 드러내지 않겠다고.

부산이라는 지역에 섬이라는 지역적 약점이 있었고, 심지어 브랜드를 선보이는 시기에 코로나가 겹쳤다. 매장을 여는 지역에는 큰 상권도 없었기에 독특한 콘텐츠만이 살길이라고 생각했다. 그래서 버거와 파스타 같은 서양 음식에 아시아적인, 한국적인 킥을 넣어서 차별성을 드러내고자 했다. 그 자체로 맛있고 특별한 음식을 선보이고 싶었다. 자체 개발한 쌀술까지 더해서, 그렇게 아르프가 탄생했다.

브랜드 가치에
로컬의 색을 입히다

부산의 섬이라는 지역적 특수성으로 매장에 매번 찾아가기는 어려웠기에 매주 온라인으로 이야기를 나누기로 했다. 오프라인 매장을 찾지 않고 온라인으로 브랜드 빌딩을 하는 것은 나에게도 실험적인 도전이었다.

자주 찾을 수 없기에 오프라인 매장을 방문할 때 경험 하나하나에 집중해야 했다. 매장에서의 경험은 특별했다. 곡선 형태의 자그마한 베이지톤 테이블, 특유의 타이포그라피로 디자인된 포인트는 마치 외국에 있는 로컬 식당에 온 듯한 기분을 선사해주었다. 또 하나 특이했던 점은 고객이 빙 둘러앉아 함께 식사할 수 있는 커다란 원형 테이블이었다. 마치 셰어하우스share house (모르는 사람들과 함께 거주하면서 주방 등 공용공간을 공유하는 주거 형태) 같기도 했다. 마을 사람들과 함께 앉아 있는 듯한 오붓한 분위기였다.

식당인 만큼 음식을 빼놓을 수가 없다. '고사리 파스타'와 '아르프버거'가 특히 훌륭했고 음식 하나하나 외형이 인스타그래머블 instagrammable (사진을 찍어 인스타에 올리고 싶은 감성을 가졌다는 뜻)했다. 디스플레이 display (음식의 모양, 장식, 배치)에도 사장님 고유의 감각이 담겨 있었다.

순간 그런 생각이 들었다. '이곳은 부산이지. 부산은 많은 사람이 찾고. 한국인, 외국인까지. 관광객은 보통 어디에 갈까? 해운대? 광안리? 그곳에서 뭘 먹을까. 돼지국밥? 회? 열에 일곱이 그런 갈망이 있다고 한다면 그와는 다른 경험을 기대하고 찾는 사람도 있지 않을까?' 결론은 하나로 향했다. 섬에 위치한 비건 식당이라는 점이 오히려 특별한 감성과 경험을 주는 무기가 될 수 있지 않을까?

논비건인 사람들이 무엇을 기대할지를 그려보는 일이 다음 순서였다. 어떻게 이곳을 알게 할까? 이곳의 채널을 보고 직접 찾아오게끔 만드는 방법은 무엇일까? 질문은 꼬리에 꼬리를 물고 이어졌다. 보통 브랜드 타깃을 잡고 나면 타깃을 가정하고 실제 모습과 행동을 구체화한다. 그러다 보면 무엇을 향해, 어떤 것을 해야 할지가 그려진다.

꿈 세팅: 뾰족한 타깃부터 최종 목표까지

Q. 마케팅·브랜딩 프로그램을 시작할 당시는 어떤 시기였는지?
어떤 변화를 만들어낼 수 있었는지?

A. 마케터 초인을 처음 만났던 시점이 2023년 가을이었는데, 당시 오프라인 매장의 한계를 느끼고 있었다. 테이블 회전율과 객단가가 한계에 달했고 다음 단계를 고민하고 있었다. 당시만 해도 마케팅은 운에 맡겼다. 후기 관리 정도가 전부였다. 초인과 함께하는 시간 동안 마케팅의 기본을 알게 되었다.
내가 하고 싶은 말과 그걸 듣는 사람을 연결하는 것이 바로 마케팅이라는 사실을 깨달았다. 무엇보다 텍스트로 문장을 만들고 정리하는 부분이 어려웠다. 브랜드를 향한 고객의 언어를 만들어가는 과정이 중요하다는 것을 알고 정확하게 하나씩 만들어갈 수 있었다. 그렇게 마케팅을 하는 사람으로, 브랜드를 만드는 사람으로 변화할 수 있었다.

매주 랜선으로 대화를 나누면서 하나씩 문장을 만들고 추가하고 수정하며 아르프만의 브랜드 차별화를 개선해나갔다. 브랜드가 만나고자 하는 고객에게 닿을 수 있도록, 고객이 찾아오고 또다시 방문하고 싶게끔. 홍콩에 여행 갔을 때 나에게 영감을 준 어느 바의 메뉴판 아이디어를 공유하기도 했다. 두 브랜드의 업종은 달랐지만 감각이 맞닿아 있었다. 한번은 부산을 찾아서 늦은 밤까지 대화를 나누며 브랜드를 그려나가는 시간을 갖기도 했다. 아르프의 타깃부터 그 타깃을 위한 콘텐츠와 채널을, 더 나아가 아르프의 최종 꿈까지.

"앞으로 이 브랜드가 어떻게 되면 좋으시겠어요?"

"아직 구체적으로 그려보진 않았는데, 그게 필요한가요?"

"저는 언제나 브랜드의 미래 모습을 나눠요. 방향성을 잡는 데 도움이 되실 거예요."

"그렇군요. 저는 비건의 가치를 전하는 브랜드로 영역을 넓혀가고 싶어요. F&B는 첫 번째 프로젝트고요."

"그걸 어디에서 하면 좋겠다 싶은 곳이 있으신가요?"

"부산의 영도처럼 로컬의 색이 있는 곳이면 좋겠어요."

"비건의 가치를 선보일 수 있는 가장 좋은 무대는 어딜까요?"

"영국이 떠오르네요. 런던, 그곳은 비건의 성지예요. 3명 중 1명이 비건이라고 할 정도죠. 그곳에 아르프가 있다면 더없이 행복할 것 같아요."

"사장님만의 무기가 있잖아요. 감도 있는 콘텐츠. 그것을 비주얼 트리거 visual trigger (시각적인 요소로 눈길을 끄는 장치)로 가져가면 되겠네요. 어디서든 통할 것 같아요. 이참에 정할까요? 아르프 영도에서 아르프 런던까지, 아르프의 미래!"

뜬구름 잡는 이야기처럼 들릴 수도 있겠으나, 단순히 동기를 부여하거나 희망을 북돋자고 이런 얘기를 꺼낸 것은 아니었다. 나는 이 과정을 '꿈 세팅'이라고 부른다. 지금 시대는 '꿈'이라는 단어가 점점 사라지고 있다. '꿈 깨' '꿈도 꾸지 마' '꿈같은 이야기할 시간이 어딨어?' 이런 이야기가 점점 많이 들린다. 나는 이런 시대일수록 꿈을 그리고, 말하고, 상상해야 조금이라도 더 남들과 다른 차별화를 만들고 목표에 다가갈 지속 가능한 힘이 생긴다고 생각한다. 특히나 브랜드를 만들어가는 사람이라면. 그래서 바쁜 현실 속에 앞을 향해 달려가느라 종종 꿈을 뒷전에 미루고 마는 브랜더들에게 항상 묻는다. "그래서 10년 뒤에 어떤 모습이면 좋으시겠어요?"

당신의 브랜드는 어떤 모습이 되어 있길 바라는가?

Q. 앞으로 아르프를 비롯해 운영하는 비즈니스를 어떻게 확장할 계획인가?

A. 최종 목표는 '비건 라이프스타일 브랜드'가 되는 것이다. 숙박업, 상품 기획, 요식업까지 하나로 연결되는 브랜드를 만들고 싶다. 이곳에서 경험한 비일상이 일상으로 돌아간 후에 새로운 변화로 이어지도록. 대부분의 사람은 익숙한 대로 살아간다. '왜 새로운 변화를 만들어야 해?' 하고 생각한다. 새로운 가치를 만나 변화의 계기를 만들어주는 브랜드로 역할을 키워나가고 싶다.

좋아서 시작한 식당,
미슐랭이 되다

어느새 겨울이 지나갔다. 처음 만난 계절이 가을이니, 벌써 몇 달이 지난 셈이었다. 한 주 한 주 랜선으로 대화를 나누는 것에도 익숙해져 갔다. 언제든 아이디어가 떠오르거나 좋은 레퍼런스reference를 발견하면 메신저로 이야기를 나누었다. 다음에 선보일 무기 아이템까지 준비를 마친 어느 날, 갑작스러운 연락을 받았다.

"미슐랭에서 연락이 왔어요. 아르프가 빕 구르망Bib Gourmand*에 선정되었다고 하네요."
"와! 그러면 이제부터 미슐랭 브랜드네요!"

빕 그루망에 선정되었다는 사실만으로 놀란 것은 아니다. 빕 그루망에 선정된 브랜드는 이미 국내에도 꽤 있다. 대부분 국밥이나 한정식집이다. 그런데 비건 음식, 그것도 퓨전 형태로 섬에 있는 브랜드가 선정되기란 쉽지 않다. 탄탄한 본질에 맛과 고객경험까지 더해져서 아르프라는 특별한 브랜드가 탄생했고 좋은 결과가 잇따랐

---

* 미슐랭 가이드가 선정하는 식당 등급 중 하나로, 합리적인 가격에 훌륭한 음식을 제공하는 식당을 의미한다. 미슐랭 평가 기준을 충족하면서도 뛰어난 맛과 합리적인 가격 조건을 갖춰야 한다. 미식가 뿐 아니라 일상적인 외식 경험을 중시하는 소비자들 사이에서도 인기가 높다.

다는 생각이 들었다.

그때부터 로컬에서, 국내 다양한 지역에서, 더 나아가 외국에서 더 많은 손님이 찾았다. 오픈 시간 내내 매장을 가득 채운 손님들로 아르프는 더욱 특별해졌다. 처음 세운 방향성과 닮아가면서, 아르프는 다음을 향해 나아가고 있다. 언젠가 외국 어딘가에 아르프가 비건의 가치를 일상 속 라이프스타일로 꺼내놓을 날을 기대해본다.

직업의 변신에 관하여

이전에 했던 일과 다른 분야의 브랜드를 만들어가고 있는가? 기존의 경험을 새로운 일의 무기로 활용할 방법을 고민하고 있다면, 아르프 김치업 대표가 직업의 변신을 거쳐온 과정이 도움이 될지 모른다.

Q. 이전의 경험이 브랜드를 만드는 데 어떤 무기가 되었는가?

A. 나는 아르프를 만들기 전 영상 디자인을 전공해서 그래픽 회사, 사진가, 에어비앤비, 로컬 프로젝트 등을 거쳤다. 과정마다 배울 점들이 있었고, 실제로 아르프라는 최종 브랜드를 만드는 데 영향을 끼쳤다.

첫 일의 시작 : 감각의 발견
영상 디자인을 전공했다. 꿈은 뮤직비디오 감독. 5년 동안 그래

픽 디자인 회사에서 일하면서 '감각적인 디자인'을 만드는 무기를 갖출 수 있었다. 이후에 기획자로도 일했지만, '감각'이 더 가치 있는 곳에 쓰이면 좋겠다는 생각에 회사를 나와서 내 일을 해야겠다고 결심했다.

사진가로 변신 : 방향의 발견

스냅사진을 찍는 사진가로 부산에서 새로 일을 시작했다. 반려동물 사진을 찍는 작은 스튜디오였고, 고객들의 반응은 괜찮았다. 그런데 사진가가 사진 찍는 일만 하는 직업이 아니라는 사실을 알게 되었다. 고객 응대와 소통이 70% 이상을 차지했다. 좋은 손님도 많았지만 소통이 쉽지 않은 사람도 있었다. 의도와 어긋난 고객을 여럿 만나면서 브랜드도 점점 색깔을 잃는다는 느낌을 받았다. 그래서 그만두면서 다짐했다. 내 색깔과 감각의 방향에 맞지 않는 일은 하지 말자고.

숙박업 프로젝트 : 공간의 발견

사이드 프로젝트로 에어비앤비를 운영했다. 해운대와 광안리가 인기를 끌면서 많은 사람이 부산을 찾았다. 숙박업소는 많았지만 감각적인 숙박 공간은 많지 않았다. 그래서 '아트 art'라는 무기에 '스테이 stay'를 더해 감각적인 공간을 선보이기로 했다. 영도라는 섬도 하나의 차별화 요소였다. 점점 더 많은 사람이, 대부분 공간 감각을 보고 찾아왔다.

이후 두 번째 에어비앤비 공간을 오픈했다. 이름은 '시선집.' 'sea-sun'집, 그리고 '시를 품은 집'이라는 두 가지 의미를 지닌 공간이었다. 30년이 된 아파트를 개조해서 꾸몄는데 월 매출 1000만 원이 넘게 나올 정도로 잘되었다. 어메니티 amenity (비누, 샴푸 등 숙박 소모품)도 직접 선보이고, 룸 스프레이도 놓고, 특별한 조식도 제공했다. 그런데 점점 더 많은 시간이 들어갔고 더 나은 경험을 위해 투자를 늘리다 보니 이익도 거의 남지 않았다. 오래 지속 가능한 모델은 아니라고 생각하고 멈췄다. 숙박업을 하면서는 감각적인 공간의 가치를 발견할 수 있었다.

로컬 프로젝트 : 지역의 발견

이후에는 새로운 확장을 해보고 싶었다. 그동안 혼자서 일했다 보니 새로운 사람을 만나 함께하고 싶었다. 그래서 로컬 프로젝트에 합류했다. 영도를 기반으로 지역의 다양한 브랜드와 협업하면서 로컬 콘텐츠를 배웠다. 전통주 창업 프로그램에 참여하면서 소규모 양조장의 전통주를 알리고 창업을 도와주는 프로그램을 운영하기도 했다. 로컬의 가능성을 발견한 그때의 경험이 이후 아르프의 창업으로 연결되었다.

아르프에는 첫 직업에서 발견한 '감각', 두 번째 직업에서 찾은 '방향성', 세 번째 직업에서 쌓은 '공간', 네 번째 직업에서 키운 '로컬'의 경험 모두가 무기로 모였다. 그래서 남들이 대체할 수 없는 아르프가 만들어졌다.

아르프의 시그니처 메뉴인
고사리파스타(좌)와 아르프버거(우)
(출처: @arp_kitchen)

'시그니처'와 '원메시지'로
각인시키기

모두에게 기억될
하나의 주인공, 킥메뉴

빠르게 브랜드를 키우고 싶은가? 경쟁사와 싸우지 않고 이기는 방법이 있다면 어떨까? 내가 그동안 마케팅을 해오면서 줄곧 집중해온 한 가지를 공유하고자 한다. 이 방법은 비용도 들지 않고 시간이 지날수록 강해진다. 바로 '어떻게 고객에게 다른 메시지로 느껴지게 할까?'이다.

내가 함께 선보인 브랜드나 비즈니스는 대부분 성장 단계에 있는 후발주자였다. 시작부터 압도적 1등인 경우는 당연하게도 없었다. 이때 필요한 게 차별화된 컨셉과 메시지다. 말은 쉽다. 차별화된 컨셉과 메시지가 구체적으로 무엇이고, 왜 필요하며, 어떻게 구현할 수 있는지를 모르기에 작은 브랜드는 종종 길을 헤매곤 한다.

'더'의 경쟁을 피해라

브랜드가 있는 시장에는 경쟁사가 존재한다. 시장을 선도하는 1등이 있다. 1등이 A라는 메시지를 던질 때 후발주자나 작은 주자는 대부분 선두주자와 비슷한 A2, A3의 메시지를 던지면서 기존 것을 최대한 비슷하게 따라가려는 경향을 보인다. 그러면 고객의 인식에서는 A라는 메시지로 모든 브랜드가 모이고, 브랜드 플레이어들이 같은 메시지 안에서 싸워야 하는 상황이 발생한다. 많은 시장이 이런 구조를 보인다. 비슷한 메시지끼리 하나의 시장 안에서 치열하게 싸운다.

문제는 이런 상황이 더 싸게, 더 많이, 더 빠르게, '더'의 경쟁으로 나아가게 된다는 점이다. 할인과 원 플러스 원으로 가격을 깎고, 이 과정이 마진 포기 단계까지 이르면 모두에게 힘겨워진다. 컨셉과 카피 모두 비틀어서 기존과 조금이라도 달라 보이는 것이 중요한 이유다. 경쟁사와 똑같은 메시지를 모아서 그 평균값으로 가면 안 된다. 가장 위험한 상황은 A 경쟁사의 A1 메시지와 B 경쟁사의 B2 메시지를 조금씩 섞을 때 나타난다. 그 순간 A에도 B에도 밀린다.

따라서 모두가 A를 이야기할 때 A가 아닌 D의 이야기를 하는 것이 중요하다. 포인트는 세상에 완전히 없는 낯선 개념보다 기존에 있는 것을 살짝 비틀어서 '새로워 보이는 컨셉'을 만드는 것이다. 그리고 이 차별화된 컨셉을 고객의 마음에 안착시킬 수 있는 '키카피

key copy'로 내세운다. 우리 브랜드에 와야 하는 이유와 궁금증을 만들어주는 것이다. 그 순간 시장과 닿아 있던 고객은 이를 새롭게 느끼고 다가온다.

시장 경쟁이 치열한 치킨 브랜드에 이를 잘 활용한 대표적 사례가 매일 새 기름으로 하루 60마리만 파는 '60계 치킨'이다. 60계 치킨은 빠르게 입소문을 타면서 정체된 치킨 시장에서 지속적으로 성장하고 있다(2024년 전년 대비 20% 성장). 모두가 '싸고 맛있는 치킨'을 외칠 때, 60계 치킨은 다른 개념을 더했다.

또 다른 사례도 있다. 문구 시장에서 모두가 예쁜 문구, 가격이 합리적인 문구를 외칠 때 '행복을 만드는 브랜드'를 이야기한 오롤리데이다. 오롤리데이는 문구 시장에서 팬덤이 가장 강력한 브랜드로 성장했다.

60계 치킨이나 오롤리데이처럼 컨셉을 잘 만들면 사람의 시선과 관심을 집중시킬 수 있다. 그렇다면 고객을 오게 만든 다음에는 어떻게 해야 할까? 한번 찾아왔다고 해서 모든 고객이 계속 우리 브랜드에 관심을 가져주고 다시 찾지는 않는다. 이때 고객의 마음을 사로잡을 킥메뉴kick menu 의 필요성이 대두된다.

킥메뉴란 F&B에서 고객이 왔을 때 잊지 못할, 다시 찾아야 하는 이유를 만들어주는 강력한 대표 메뉴를 의미한다. 킥메뉴가 있을 때 고객은 특별한 경험을 했다고 느낀다. 킥메뉴는 무엇보다 컨셉과 연결되어야 한다. 기껏 독특하고 차별화된 컨셉으로 고객을 데려왔

149
레드오션에서 살아남는 차별화의 무기들

는데 메뉴와 상품이 평범하다면 오히려 고객경험이 부정적으로 퇴색한다.

실제로 여러 브랜드를 경험해보니 안전하고 무난하게 경쟁사와 비슷한 컨셉과 제품을 꺼낸 브랜드는 결과도 무난했다. 비틀기로 신선한 컨셉과 메시지를 만들어 띄웠을 때 새로운 존재감으로 주목받을 수 있었다. 이 새로운 컨셉이 킥메뉴로 연결된 경우에는 특히 더 그랬다.

컨셉이란 무엇일까?

- 남다른 차별화로 세상에 존재감을 키우는 무기
- 한 줄로 설명 가능한 어떤 방식 = how to do

킥메뉴란 무엇일까?

- 셰프의 킥, 요리의 운명을 좌우하는 결정적 한 수
- 누구도 생각하지 못한 한 방으로 정신이 번쩍 들 만큼 놀라운 경험을 제공하는 브랜드만의 메뉴

차별화된 컨셉을 만들어내는 스킬에 관해서는 《핑크펭귄》(스노우폭스북스, 2021)에서 자세히 설명한다. 여기서는 《핑크펭귄》을 읽지 않은 독자들이 참고할 수 있도록 간단하게 내용을 소개해보고자 한다.

"우리는 달라요" "우리 서비스가 더 좋아요" "우리 제품이 더

발전됐어요" 이런 메시지를 전달할 때 고객이 '그래서 뭐가 다른 거지?'라고 생각하게 두어선 안 된다. 기존에 있는 것과 조금 다른 것을 이야기해서는 기대감을 주거나 눈에 띄기 어렵다. 그런데 똑같이 생긴 수천수만의 펭귄 사이에 기존에 없던 펭귄이 하나 있다면 눈에 띈다. 이 책에서는 수많은 평범한 펭귄 사이에서 눈에 띄는 핑크 펭귄이 되어야 한다고 이야기한다.

브랜드와 마케팅에서는 무엇이 달라야 할까? 가장 좋은 방법은 개념으로 차별화하는 것이다. 핵심경험도 다르게 만들어야 한다. 차별화된 컨셉과 킥메뉴로 사람들의 눈에 띈 한 브랜드의 이야기를 만나보자.

'베이글'이 아닌 '바이글'에서 시작된 차별화

망리단길과 망원시장으로 유명한 곳, 망원동이다. 맛집이 많고 골목이 예쁜 동네다. 그곳에 한 베이커리가 있다. 망원동 베이커리라고 하면 어떤 기대감이 드는가? '망원동의 베이커리? 꼭 가봐야겠다!'고 생각하는가?

그러지 않을 가능성이 높다. '망원 베이커리'로 검색하면 지도앱에서만 서른 곳 넘게 나오기 때문이다. '30개 중 하나가 되기' 혹은 '특별한 하나가 되기.' 브랜드를 만드는 사람이라면 당연히 후자를 원할 것이다.

망원동에 한 특별한 베이커리가 있다. 내가 실제로 시작 단계의 빌딩을 도운 브랜드로, 함께한 경험이 좋은 기억으로 남아 있다. 내가 찾아갔을 즈음에는 베이킹에 진심이고 열정 넘치는 두 자매와 고기에 진심인 공동 창업자까지, 세 명이 망원동에서 막 베이글 가게를 오픈한 참이었다. 십수 가지 종류의 베이글을 만드는데, 하나하나에 진심이 깃들어 있었다.

일하는 모두가 다른 무엇보다 기본 베이글에 신경을 가장 많이 쓰고 있다고 자부할 만큼 기본에 충실한 곳이었다. 다만 오픈에 집중하느라 미처 신경 쓰지 못했던 브랜딩과 콘텐츠 정리가 필요하다고 했다. 그런데 무엇부터 어떻게 할지가 고민이었다. 당장 매일 베이글을 만들고 매장을 운영하다 보면 고민하고 생각할 시간이 없는 것도 문제였다. 다행인 점은 오픈한 지 한 달 정도 되어 아직 새로운 요소를 적용할 시간이 충분하고 베이글 맛(본질)이 훌륭하다는 점이었다. 대화를 하면서 브랜딩과 마케팅을 더할 만한 요소가 하나둘씩 발견되었다. 가장 눈에 띈 부분은 가게 네이밍이었다.

"가게 이름이 독특하네요. '더 베이글'이면 'The Bagel' 아닌가요? 지금처럼 표기한 이유가 있나요?"

베이글은 'Bagel'로 쓰는데 간혹 실수로 'Bagle'이라고 표기하는 곳들이 있다. 망원동의 베이글 가게는 '더 바이글The Beigel'이었다. 오표기가 아닌 어떤 의도가 있으리라고 생각했다. 다만 충분히 설명 되지 않고 공감되지 않으면 '바이글'이라는 네이밍이 고객 인지에 혼선과 어려움을 줄 것이 우려되었다. 왜 바이글인지, 그 안에 담길 매력적인 브랜드 스토리와 컨셉이 필요했다. 단순히 차별화를 위해 바꾼 것이라면 난이도가 쉽지 않겠다고 걱정했지만, 의외의 대답이 기다리고 있었다.

"우리는 베이글이 아니에요. 바이글이에요. 그래서 표기도 'The Beigel'로 했어요."

"바이글이 뭔가요?"

"베이글은 유대인이 폴란드에서 시작했는데, 그때는 바이글이 라고 불렸어요. 저희는 유대인 정통식으로 바이글을 만들고 있 고요."

"유대인 정통식이요? 처음 듣는 방식이네요."

"네. 그 과정이 더 까다롭고, 시간도 오래 걸려요. 그런데 정통식 으로 까다롭게 만든 바이글을 맛보면 고객들도 그 차이를 알아 줄 거라고 생각해요."

"유대인 정통 방식으로 만들면 무엇이 다른지 좀 더 말씀해주시 겠어요?"

들어보니 유대인 정통 방식으로는 오직 밀가루와 물, 효모만으로 바이글을 만든다. 여기에 버터, 식용유, 첨가제 등을 넣어서 만든 변형된 바이글이 미국에서 베이글이라 불리며 인기를 끌었다. 베이글이 한국에서도 인기를 얻는 아이템이 되었고 원조 바이글을 경험할 곳을 만들고 싶은 마음에 브랜드를 기획했다. 그래서 브랜드 이름도 꾸밈없이 본질 그대로 '더 바이글'이라고 지었다.

이 이야기만으로도 강점과 매력이 충분했다. 우유·버터·설탕을 사용하지 않고 기존 가게들과 다른 방식으로, 최대한 베이글의 시작인 바이글에 가깝게 만들고자 한 노력이 담겼으니 말이다.

"혹시 이런 이야기를 어딘가에 꺼내본 적 있으신가요?"
"아뇨. 아직 아무 곳에도요."
"그러면 지금부터 같이 꺼내볼까요?"

이전까지 더 바이글의 아이덴티티는 '망원 베이커리'였다. 베이글이 맛있는 베이커리. 인스타그램에도, 네이버 플레이스에도, 키워드에도 그 정보뿐이었다.

"먼저 인스타그램부터 바꿔볼까요? '망원 베이커리'를 빼고 '유대인 정통 방식의 유럽 바이글 베이커리'를 그대로 담아주세요. 그리고 한글로도 '더 바이글 베이커리'를 함께 표기해주시고요."

이유는 두 가지였다. 먼저 F&B에서는 인스타그램의 역할이 중요하다. 특히나 프로필에서 어떤 한마디를 담고 있는지가 관건이다. '망원 베이커리'라고 쓰여 있으면 다른 수십 곳과 같은 카테고리에서 경쟁을 펼쳐야 한다. 고객의 머릿속에 **#망원동 #베이커리**로 분류되기 때문이다. 후발주자인 브랜드는 선택받기 쉽지 않다.

망원동의 베이커리 포화 시장에서 '더 바이글'이라는 이름은 후킹을 유도한다. 왜 베이글이 아니라 바이글이지? 하는 호기심을 갖고 보면 **#유대인정통 #유럽 #바이글**이라는 키워드가 눈에 띄고 새로운 카테고리에 들어간다.

이제껏 유대인 정통 바이글을 먹어본 적이 있는가? 적어도 나에게는 처음이었다. 나에게 처음인 것처럼 대다수의 고객도 비슷할 것으로 생각했다. 유대인 정통 바이글 다음에 따라오는 'No Milk, No Butter, No Sugar'라는 문구는 건강한 바이글이라는 인식을 준다. 그렇게 '더 바이글'은 빵 혹은 베이글을 좋아한다면 저장해두고 한 번쯤 찾아가고픈 브랜드가 된다.

덧붙여 '바이글'이라고 브랜드를 호명하는 순간, 매장을 찾는 고객들이 나처럼 왜 바이글인지 물어보리라고 생각했다. 그래서 대답을 위한 간단한 스토리라인도 준비했다.

"그거 아세요? 베이글은 유대인들이 폴란드에서 시작한 것. 저희는 그 본질을 기반으로, 새로움을 입히고 싶었어요. 런던에서도 베이글을 재해석한 곳이 있어서 인상적이었어요. 저희는 한국만의 재해석을 해보고 싶었습니다."

게다가 비장의 무기가 하나 있었다. 주먹 2개만 한 고기가 들어간 '가츠산도 바이글'이다. 보는 것만으로 압도적인 가츠산도 바이글은 더 바이글의 메뉴 중 가장 인스타그래머블했기에 콘텐츠로 밀어보기로 했다. 일일 한정으로 선보이는 이 메뉴가 더 바이글의 킥메뉴였던 셈이다. 다양한 형태로 콘텐츠를 만들었더니 어느새 점점더 많은 사람이 찾았고 한 유명 유튜버의 콘텐츠로 더욱 주목을 끌었다. 그리고 나오는 대로 완판되는 히트 메뉴로 자리매김했다.

정리하자면, '유대인 정통 바이글'로 정립한 브랜드의 컨셉을 풀어서 이야기하자 브랜드 스토리가 만들어졌다. 이를 바탕으로 브랜드 메시지를 정리하여 고객과의 접점 채널에서, 매장에서 꺼내 들려주었다. 지금은 바이글이라는 이름을 차별점으로 잘 내세운 덕에 더많은 사람이 찾고 있다. 빠르게 성장을 거듭한 더 바이글은 1년 만에 4배 더 넓은 매장으로 확장 이전 공사를 했다.

초기에 '바이글'이라는 브랜드 정체성을 확립하기 전 더 바이글은 가츠산도 베이글이 먼저 주목받자 고민이 많았다고 한다. 모든 메뉴를 공들였는데, 이 메뉴를 찾는 손님이 많자 무엇부터 해야할지 몰라서 헤맸다. 손님들이 찾는 메뉴로만 계속 밀어야 하는 걸까? 인기에 맞춰서 아이덴티티를 다시 바꿔야 하나? 나를 만난 게

고기에 진심인 사람과 베이킹에 진심인 사람의 열의로
한정된 수량만 만드는 이색 메뉴, 가츠산도 바이글 (출처: @the.beigel.bakery)

이즈음이었다. "더 바이글에서 '바이글'이 무엇인가요?" "손님들이
유대인 정통 방식으로 만든 진정한 베이글이라는 가게의 뜻을 아
나요?" 생각해본 적 없던 질문들로 그동안 놓쳤던 본질이 잡히는
순간이었다.

　브랜드를 찾는 손님들에게 꼭 브랜드의 코어(핵심)를 알려야 한
다는 사실을 알고부터 매장 내부와 외부 곳곳에서 브랜드 이야기
를 전했다. 손님들이 웨이팅 하면서 눈길이 갈 만한 곳과 SNS에 바
이글 설명과 브랜드 코어를 열심히 알렸다. 그러자 사람들이 더 바
이글을 망원동 베이커리 중 하나가 아닌 남다른 브랜드로 인지하기
시작했다. 만약 그때 인기에 휩쓸려 단순히 '가츠산도 맛집'으로만

고객들에게 알렸다면 메뉴 하나의 인기가 주춤할 때 FAD 브랜드*처럼 잊혔을지도 모를 일이다.

핵심은 여기에 있다. 본질이 단단해야 한다. 단단한 본질을 기반으로 전하고자 하는 메시지를 정확하고 매력 있게 만들면, 브랜드는 차별화된 컨셉으로 빠르게 자라난다. 무엇부터 해야 할지 고민이라면 차별화되는 브랜드의 '한 줄'부터 정의하자. 그리고 그 한 줄을 스토리로 꺼내는 것이다. 브랜드 차별화를 어디서 찾아야 할지 고민이라면, 브랜드를 만들어가는 데 가장 고민하고 공들인 지점이 바로 우리 브랜드의 차별점이다.

브랜더 한 줄 노트

- 판매자 : 옆 가게, 뒤 가게랑 비슷한 문구로 가는 게 안전하지 않을까?
- 브랜더 : 옆 가게, 뒤 가게랑 어떻게 하면 다르게 보일 수 있을까?

---

* For a Day의 약자. 반짝 유행하는 일시적인 현상을 뜻한다. 주로 변화가 빠른 식품이나 패션 분야에서 많이 보인다.

꼭 경험해야 할 단 한 가지, 시그니처

눈길을 끌고 고객을 끌어모으는 킥메뉴에 이어 이번에는 브랜드 대표 상품인 '시그니처 signature'를 자세히 알아보고자 한다. 브랜드가 선보이고자 하는 상품, 메뉴, 제품에 관한 이야기다. 시그니처라는 말을 많이 들어보았을 테지만, 브랜딩 관점에서 이 말을 다시 정의해보고자 한다. 시그니처는 고유한 특징, 상징, 또는 정체성을 가리킨다. 브랜드에서는 보통 개인이나 브랜드를 대표하는 독특한 요소를 일컫는다.

브랜드에는 시그니처가 필요하다. 사람들은 생각만큼 많은 것을 기억하지 못한다. 세상에는 수많은 브랜드와 제품이 있다. 그러니 한 브랜드에서 하나만 명확하게 기억해도 성공이다.

브랜드에 시그니처가 필요한 이유는 크게 두 가지다. 인지적 측면과 매출적 측면이다. 먼저 인지적 측면을 살펴보자. 시그니처 메뉴는 고객이 보고 바로 브랜드를 떠올리도록 한다. 또 브랜드를 경험할 때 시그니처를 선택하도록 유도함으로써 고객의 선택 과정과 시간을 단축해준다. 무엇보다 잘 만든 하나의 시그니처는 매출에 크게 기여한다. 식당 혹은 디저트 가게에서 메뉴 5개를 선보일 때, 각 메뉴가 매출 20%씩 차지할까? 아니면 특정 1~2개 메뉴가 대부분을 차지할까? 놀랍게도 후자다. 잘 만든 시그니처 메뉴(맛)는 매출의 70~80% 혹은 그 이상을 차지하기도 한다.

앞에서 소개한 아르프도 시그니처 전략으로 잘 성장한 케이스다. 아르프에는 8개의 메인디쉬와 2개의 디저트 메뉴가 있는데, 신기하게도 혼자 처음 온 손님 95% 이상이 고사리 파스타를 먹는다. 2인 고객은 고사리 파스타와 아르프버거를 나눠 먹는다. 이 두 메뉴의 매출 비중이 전체 메뉴의 70% 이상을 차지한다. 많은 메뉴 중에서 고사리 파스타가 주연인 셈이다. 고사리 파스타가 여주인공이라면 남주인공은 아르프버거다.

더 자세히 살펴보면 두 메뉴의 역할이 다르다. 50대 이상의 중장년층은 고사리 파스타를 더 선호한다. 고사리라는 재료가 아무래도 더 익숙하기 때문일 터다. 남성 고객은 상대적으로 버거를 선호하는 경향도 있다. 잘 갖춰진 두 주연 메뉴가 이곳의 시그니처가 되어 누구라도 아르프에서 만족스러운 첫 경험을 하도록 돕는다.

"거기에 가면 뭐 먹어?"
"고사리 파스타가 맛있어. 아르프버거도 좋고!"

"어? 그럼 나는 ○○ 먹을래."

어떤가? 시그니처가 브랜드의 고객경험에 어떤 역할을 하는지 와닿는가? 오프라인 F&B 매장뿐 아니라 온라인 커머스도 마찬가지다. 하나의 시그니처를 반드시 만들겠다는 생각으로 나아가야 한다. 잘 키운 시그니처는 다음 히트 상품, 히트 메뉴를 선보이기 전까지 매출을 안정적으로 받쳐주는 역할을 한다. 또 시그니처 자체가 훌륭한 영업사원이 되어 사람을 계속 끌어들이고 다시 찾게 하는 역할을 담당한다. 그렇다면 먼저 나의 브랜드를 생각해보자.

우리 브랜드의 시그니처는 무엇인가?

어떤 시그니처를 만들어가고 있는가?

어떤 제품부터 집중해야 할까?

그런데 킥메뉴가 곧 시그니처가 아니냐는 물음이 튀어나온다. 답부터 얘기하자면 같은 것일 수도 아닐 수도 있다. 이해를 도울 질문 몇 가지를 던져보자.

"맥도날드 하면 가장 먼저 생각나는 버거는 무엇인가?"

"버거킹 하면 어떤 버거가 가장 먼저 떠오르는가?"

아마 많은 사람이 맥도날드 하면 '빅맥', 버거킹 하면 '와퍼'를 떠올렸을 것이다. 그러면 두 제품의 실제 매출 비중은 어떨까? 대표 메뉴인 만큼 두 버거가 각 브랜드의 매출 1위다. 이렇듯 가장 먼저 생각나고, 시간이 지나도 고객이 꾸준히 찾으면서 매출에도 안정적으로 기여하는 존재가 바로 시그니처다.

국내 버거 브랜드로 가보자. 내가 디렉터로 총괄했던 GFFG의 버거 브랜드 '다운타우너'의 경우 많은 사람이 '아보카도 버거'를 가장 먼저 떠올렸다. 아보카도 버거는 수많은 버거 브랜드 가운데 다운타우너를 곧바로 떠올리게 하고 차별화해 주는 중요한 역할을 한다. 동시에 가장 많은 매출 비중을 차지하고 있기도 하다. GFFG의 대표 브랜드인 노티드는 많은 사람에게 '우유 생크림 도넛'으로 유명하다. 신메뉴가 늘어서 케이크와 도넛까지 제품이 30개가 넘는데 우유 생크림 도넛은 신메뉴나 콜라보 메뉴를 뛰어넘고 수년째 매출 50% 이상을 차지한다. 노티드와 다운타우너 모두 킥메뉴와 시그니처가 동일한 셈이다. 참고로 버거킹과 맥도날드는 한 번씩 새로운 제품을 선보여 킥메뉴로 밀기도 한다. ○○와퍼 같은 신메뉴는 시그니처로 킥을 주는 경우이다.

킥메뉴와 시그니처가 다른 경우로는 어떤 것이 있을까? 충무로의 '원형들'이라는 카페로 가보자. 번화가도 아닌 한적한 골목의 4층이라는 위치에도 원형들은 많은 인기를 얻고 있다. 인기의 시작은 '고수 크림 케이크'였다. 대한민국 사람이 잘 먹지 못하는 대표적인 메뉴인 고수로 케이크를 선보여서 인스타그램에서 화제를 불러 모았다. 온라인에서의 반응은 뜨거웠다. '고수로 선보이는 케이크라니' '벌써 비누 냄새가 납니다' '친구랑 가면 한 입도 못 먹을 듯' 등 다양한 반응이 나왔다. 호불호가 갈리기로 대표적인 민트초코도 민초파와 반민초가 반반 나뉘지만, 고수 케이크는 유독 먹지 못할 거라는 반응이 많았다.

그렇다면 고수 크림 케이크가 어떻게 매출에 기여한다는 걸까? 사실은 이렇다. 고수 케이크라는 화제의 메뉴를 선보인 원형들을 가보면 분홍색의 '핑크딜 케이크'를 찾는 손님이 더 많다. 정확한 매출은 확인할 수 없지만, 꾸준히 매출에 기여하는 메뉴는 핑크딜 케이크일 것으로 보인다. 고수 크림 케이크는 고객의 눈길을 끌고 원형들을 찾게 해주는 킥메뉴 역할을, 핑크딜 케이크는 꾸준히 안정적으로 매출을 올려주는 시그니처 역할을 하는 셈이다. 한입이라면 모를까, 케이크 한 판을 살 때는 전혀 먹지 못하는 고수 케이크보다는 누구라도 맛있게 먹을 핑크딜 케이크가 더 많은 선택을 받는다.

온라인에서 제품을 팔건 오프라인에서 굿즈를 팔건 음식이나 디저트 상관없이 모두 하나의 시그니처를 만들어야 한다. 잘 자리 잡은 시그니처는 안정적으로 매출을 끌어올리고, 손님을 불러 모으고, 또 계속 찾게 하는 역할을 한다. 제품을 아이돌 그룹에 비유한다면, 아이브의 장원영 같은 스타를 탄생시키는 것과 매한가지다.

시그니처가 탄생해서 브랜드의 효자 상품으로 자리 잡았을 때

주의해야 할 한 가지를 짚고 넘어가자면, 이때 제2, 제3의 히트 상품을 만들겠다며 새로운 상품과 메뉴에 집중하다가 시그니처를 놓치는 실책을 저질러선 안 된다. 시그니처가 안정적으로 안착하면 브랜드는 종종 이런 유혹에 빠져든다. '우리 시그니처는 이제 경험해볼 사람은 다 해보지 않았을까?' '이제 시그니처는 그만 이야기하고 새로운 메뉴만 꺼내볼까?'

대한민국 5000만 국민이 모두 우리 브랜드를 알고 있을 리는 없다. 그중 브랜드의 대표 메뉴, 대표 상품을 경험해본 사람은 더 적을 것이다. 우리 브랜드를 전혀 모르는 사람에게 제2, 제3의 상품을 어필하기보다 이미 검증되어 사랑받는 시그니처로 어필하는 편이 훨씬 쉽다.

시그니처는 고객이 처음으로 브랜드를 찾았을 때 가장 먼저 추천하는 역할이 되어야 한다. 제2, 제3의 상품은 시그니처를 이미 경험한 고객이 쉽게 선택할 수 있도록 안내하면 된다.

내 주변에 성심당 하면 떠오르는 메뉴가 무엇이냐고 물어보면, 메뉴가 수십 개인데도 여전히 많은 이들이 튀김 소보로와 부추빵이라고 답한다. 우리 브랜드는 어떤가? 당신이 찾는 시그니처는 무엇인가?

시그니처 요약

꼭 경험해야 할 단 한 가지. 하나로 집중하는 무기

시그니처 vs 킥메뉴

- 거기에 그런 게 있대. 가봤어?

  브랜드에서 눈길을 끄는 이것은? ⇒ 킥메뉴

- 이곳에서 가장 먼저 뭘 사야 할까?

  브랜드에서 꼭 경험해야 할 단 한 가지는? ⇒ 시그니처

하고 싶은 말이 너무 많을 땐, 원메시지

고객에게 어떤 이야기를 꺼내야 하는지, 어떤 카피로 메시지를 전할지 고민인 사람이 많다. 기능을 어필하고 싶은데 다양한 상품과 예쁜 디자인, 합리적인 가격도 놓치고 싶지 않다. 하고 싶은 말을 전부 담으면 어떻게 될까? 고객이 메시지를 하나도 기억하지 못한다. 그래서 원메시지 one message 가 필요하다.

왜 여러 개가 아닌 하나의 메시지가 필요할까? 모두가 알 만한 브랜드로 살펴보자. 나이키와 애플이다. 나이키의 원메시지는 무엇일까? "Just do it." 애플은 "Think different"다. 이 브랜드를 좋아하거나 조금이라도 관심이 있다면 모두 알 만한 카피다. 혹시 이것 말고 나이키와 애플에서 2개 더 기억나는 카피가 있는가?

이번에는 국내 브랜드로 가보자. 국민 라면 브랜드 신라면 하면 어떤 원메시지가 떠오르는가? "사나이 울리는 농심 신라면." 어릴 적부터 봐온 이 메시지가 익숙한 사람이 많을 것이다(지금은 시대에 맞

166

게 '인생을 울리는'으로 변경되었다). 신라면의 다른 카피를 2개 더 말할 수 있는 사람이 있는가?

대다수의 사람이 나이키와 애플, 신라면은 알아도 메시지를 여러 개 기억하지 못할 것이다. 단, 하나의 메시지는 안다. 이것이 바로 원메시지의 힘이다. 말 그대로 브랜드를 기억하는 하나의 메시지다. 만약 나이키가, 신라면이 매년 다른 카피를 썼다면 고객은 어느 하나도 기억하지 못했을 것이다. 원메시지는 쉽게 브랜드를 기억시키는 데 꼭 필요하고 또 중요하다. 몇 가지 예를 들어보자.

치킨은 살 안 쪄요. 살은 내가 쪄요. 배달의 민족.
여행할 때 여기어때, 해외 갈 때 여기어때.

밖을 지나다니면서 CM송과 함께 들어봤을 브랜드 카피다. 복잡하게 설명하지 않아도 '치킨'과 '배달'이 연결되고 '여행'과 '해외' 그리고 '여기'가 연결된다. 이렇듯 원메시지에 비즈니스 속성을 바로 담기도 한다. 메시지에 담긴 톤으로 브랜드 고유의 감성을 전하는 것은 보너스다. 잘 만들어진 원메시지는 고객에게 브랜드를 기억시키고 고객의 마음에 새겨진다.

브랜드 전략

1) 어젠다

'여기어때'와 '야놀자(경쟁사)' 중에 먼저 기억시키기 ⇒ 1등 앱으로
기존 '모텔'을 넘어 '여행' 카테고리로 확장하기 ⇒ 여행 앱으로

2) 방향성

CM송으로 친근하게 기억되기 ⇒ 가장 먼저 떠오르는 브랜드로
'해외'와 '여행' 키워드를 포함한 원메시지 ⇒ 여행 앱으로

    여기서 중요한 한 가지 원칙이 있다. 원메시지는 어린아이도 이해할 수 있는 말로 쉽고 단순하게 만들어야 한다. 그래야 기억되고 마음에 새겨진다. 지나가는 사람 누구나 보고 들으면 이해할 수 있는 언어로 원메시지를 만들어보자. 복잡하고 길면 고객의 마음에 들어갈 수 없다.

원메시지 요약

- 고객에게 전하고 싶은 단 한 줄
- 그 안에 비즈니스 속성을 포함하고 브랜드 톤을 담을 것

원메시지 무기

- **이상하게 매칭하기** | 크림이 침공한 상상의 세계가 온다 : 노티드월드 컨셉
  └ '크림'과 '침공'이라는 미스매칭 컨셉으로 관심 끌기

168

- **과장으로 재미 주기 I** 컵케이크 세상 속에 들어간다면? : 노티드월드 팝업
  └ 초대형 컵케이크로 만든 팝업스토어 홍보

- **질문으로 상상 주기 I** 슈가베어가 알고 보니 BTS의 찐팬이었다면?
  : 노티드 × BTS 10주년 콜라보
  └ 브랜드 요소와 새로운 요소 연결하기

주의할 점

일반인이 모르는 전문용어를 담지 말 것
  └ H3DL 성분을 포함하고 있어요. (×) ⇒ 'H3DL이 뭐지?'
  └ 오렌지 30개의 비타민을 담고 있어요. (○)

많은 사람이 모르는 약자를 포함하지 말 것
  └ CML을 지금 바로 만나보세요! (×) ⇒ 'CML이 뭐지?'
  └ 초인 마케팅랩을 지금 바로 만나보세요! (○)

한 번에 2개 이상의 이야기를 담지 말 것
  └ A와 B가 찾아옵니다! A하고 나서 B도 해보세요! (×) ⇒ '2개가 뭐였더라?'
  └ A가 찾아옵니다! A를 경험해보세요! (○)

　　메시지를 만들었다면, 그것을 고객에게 전달하는 단계가 이어져야 한다. 당신의 브랜드는 어디서 말을 건네고 있는가? 아무리 좋은 말이라고 해도 그 이야기가 필요한 사람에게 닿으려면 잘 맞는 연결고리가 필요하다. 비즈니스가 존재하고 만들어지기 위해서는 두 가지가 필요하다. 먼저 파는 '제품'이 있어야 하고, 그것을 필요

로 하는 '고객'이 있어야 한다. 제품이 없고 고객만 존재한다면 그곳은 잠재적 시장이고, 제품은 있는데 고객이 없다면 비즈니스가 될 수 없다. 그다음은 뭘까? 제품과 고객을 이어야 한다. 마케팅이 이 역할을 담당한다.

무엇을 마케팅할까? 제품? 서비스? 플랫폼? 오프라인 공간? 결국 모두 다 해당되겠지만, 이 모두를 하나로 묶는 개념이 있다. 바로 메시지다. 브랜드를 알리기 위해서, 제품을 팔기 위해서, 잠재적 고객으로 만들기 위해서 '메시지'를 마케팅한다. 광고 배너나 SNS 콘텐츠, 판매용 상세페이지, 모든 것이 결국 고객에게 메시지를 전한다. 제품과 고객을 잇기 위해서.

우리가 마케팅하는 것은 '메시지'다.
메시지로 '제품'과 '고객'을 잇는다.

메시지로 마케팅한다는 개념을 알아야 그것을 어디에서 전할 수 있을지 찾을 수 있다. 메시지를 잘 전달해서 제품과 고객이 만나게 하는 것이 바로 '미디어 전략'이다. 풀어서 설명하면 결국 본질은 어떤 메시지로 어디에서 고객과 만나냐는 것이다. 다음 장에서는 메시지를 전하는 미디어를 온드, 언드, 페이드 세 가지로 나누어, 각 채널의 특징과 활용 방법을 알아볼 것이다.

메시지 전달 효과를 극대화할 미디어 채널 3

미디어 전략을 짜기 위해서는 트리플 미디어 triple media 개념을 알아 두면 좋다. 온드 미디어 owned media, 언드 미디어 earned media, 페이드 미디어 paid media, 3개의 미디어 카테고리를 묶은 개념이다. 말이 조금 어려운가? 쉬운 말로 바꾸면 아래와 같다.

1. 온드 미디어 = **자체 채널**
2. 언드 미디어 = **외부 채널**
3. 페이드 미디어 = **광고 채널**

단계별, 비즈니스별 채널 활용법

온드 미디어 ㅣ 브랜드가 소유하고 있는 자체 미디어 채널을 말한다.

홈페이지나 블로그, 인스타그램, 유튜브, 틱톡, X, 스레드 등이 포함된다. 넓게는 네이버 플레이스, 스마트스토어 페이지까지 모두 포괄한다. 가장 먼저 해야 할 일은 어느 채널을 운영할지 정하는 일이다. 전부 다 하면 좋겠지만 현실적인 리소스가 제한될 테니 가장 우선적으로 필요한 채널을 선정해서 꾸준히 운영하면 좋다. B2B(기업 간 거래) 비즈니스라면 홈페이지와 블로그가, B2C(기업과 소비자 간 거래) 비즈니스라면 SNS가 유용하다.

자체 채널을 시작하고 키울 때는 다음 두 가지가 가장 중요하다. 먼저 어떤 채널을 운영할지 정할 때 아무 채널이나 골라선 안 된다. 목적을 분명히 해야 한다. 동시에 채널 여러 개를 시작하기보다는 하나씩 단계별로 시작하기를 추천한다. 새로운 채널을 시작할 때 고민과 시간이 많이 들어가기 때문이다. 욕심껏 동시에 채널 2~3개를 판다면 어느 것 하나 제대로 키우기 어려울 수도 있다. 가장 대표적 자체 채널 하나를 찾아간다는 생각으로 우선 채널 하나를 키워가야 한다.

체크리스트 : 우리 채널의 운영 목적은 무엇인가?

예1) 우리 브랜드의 인스타그램은 음식을 좋아하는 사람을 모으는 채널
⇒ 잠재적 고객 확보

예2) 우리 브랜드의 카카오톡 플러스친구는 기존 이용 고객에게 새로운 소식과 혜택을 전하고 재방문·재구매를 유도하는 채널 ⇒ 즉각적인 매출

다음으로 자체 채널에서는 비즈니스 정체성을 보여줘야 한다. 쉽게 말해 고객이 우리 채널에 왔을 때 여기가 무얼 하는 곳인지 알고, 잘 머물다 간 후 다시 찾을 수 있게 해야 한다. 그렇기 때문에 기업의 슬로건이나 브랜드 스토리를 담고, 제품 소개를 포함하여 브랜딩 채널을 구축해야 한다. 결국 명확하고 일관된 메시지를 담아야 한다는 뜻이다. 여러 채널에서 각기 다른 이야기를 한다면 당연히 메시지를 하나로 연결해서 시너지를 모으기 어렵다.

체크리스트 : 우리가 가진 채널을 방문했을 때 모든 곳에서 동일한 메시지가 노출되고 있는가?

- 채널마다 가장 먼저 보이는 영역에 노출되는 이미지와 문구가 동일한가?
- 브랜드 슬로건과 키카피, 메인 주력 상품을 어느 채널에서도 확인할 수 있는가?

혹시 모를 우려에 말을 덧붙이자면 채널을 운영하고 조금씩 팔로워와 트래픽이 늘어난다고 바로 매출이 오를 거라고 생각하면 장기적 운영이 어려울 수 있다. 2부에서 말한 고백의 원칙을 떠올려보자. 고백하기 전에 먼저 관계를 맺고, 관계를 맺기 전에는 눈 맞춤부터 시작해야 한다. 이 원칙은 채널 운영에서도 동일하다. 자체 채널까지 왔다는 것은 고객이 브랜드와 관계를 맺기 시작해서 다음 단계로 갈지 말지를 탐색하는 단계다. 이때 바로는 아니더라도 이후에 고객이 비즈니스로 연결될 수 있게 붙잡아둘 장치가 필요하다. 생각해보자. 우리가 먹고 사고 이용하는 세상의 많은 것들도, 대상을 보자마자 바로 사지는 않는다. 알아두었다가, 기억해두었다가 원할 때, 필요할 때 산다.

잘 키운 자체 채널에 많은 사람이 모였다면 이들은 잠재고객이다. 채널에 온 고객이 구매자로 연결되기까지 누군가는 일주일, 누군가는 한 달, 혹은 1년이 걸릴 수 있다. 관계를 쌓아가는 과정에서 잠재적 구매자와 기존 구매자가 팬이 되기도 한다. 고객과의 관계를 쌓아가는 데에도 자체 채널은 반드시 키워야 할 무기다.

언드 미디어 | 어디부터 어디까지를 외부 채널이라고 할까? 우리 채널을 제외한 바깥세상의 모든 채널을 생각하면 쉽다. 인플루언서, 블로거, 다른 채널 계정들, 온라인 기사까지 모두 외부 채널이 될 수 있다. 여기서 핵심은 이미 존재하는 다른 채널의 유저와 트래픽을 우리 비즈니스를 알리는 데 활용하고 끌어들이는 것이다. 전문 용어로 '레버리지 효과leverage effect'(지렛대 효과, 다른 자원을 활용해서 우리 자원을 더 키우는 과정)를 만드는 전략이다.

세상에는 수많은 채널이 존재한다. 그렇기에 우리 비즈니스의 목적에 잘 맞는 최적의 외부 채널을 선정하는 일이 중요하다. 시간과 자원은 한정되어 있고 특히나 비용을 들인다면 최대한 효과를 끌어내야 하는데, 가장 좋은 방법이 바로 외부 채널의 팬심 활용이다. 함께하는 채널이나 인플루언서의 팬들이 좋아하는 지점을 잘 공략해서, 우리 비즈니스에 눈길을 주고 기억하도록 만들어야 한다.

외부 채널을 활용할 때 꼭 기억해야 할 지점을 짚고 넘어가보자. 이걸 기억해두면 같은 예산으로도 더 가치 있는 결과를 만들어낼 수 있으리라 믿는다. 처음 외부 채널을 선정할 때 가장 많이 하는 실수가 그 채널의 조회수와 좋아요만 보는 것이다. 결과가 좋을 수도 있겠지만, 실제 현실에서는 트래픽이 매출로 이어지지 않는 경우가 상당히 많다. 그렇다면 어떻게 하면 좋을까?

단순히 브랜드만 알리고 끝나면 비즈니스로 연결되기 어렵다. 외부 채널을 활용하는 경우에는 고객이 기억하기 쉬운 메시지와 함께 행동유도Call To Action; CTA (고객에게 행동을 유도하는 메시지)가 포함되어야 한다. 하지만 요즘 소비자나 시청자는 호락호락하게 넘어오지 않는다. 어떤 메시지와 행동유도를 전해도 원하는 대로 이끌기가 쉽지 않다. 그래서 아래와 같은 방식을 많이 활용한다.

외부 채널 행동 유도법

- 인플루언서 마케팅 influencer marketing
  : 인플루언서의 목소리로 메시지를 전달하는 방법
- 콘텐츠 마케팅 content marketing
  : 관심을 끌 만한 소재로 재미있게 메시지를 전달하는 방법
- 세일즈 드라이브 sales drive
  : 즉각적이고 확실한 혜택과 함께 메시지를 전달하는 방법

페이드 미디어 | 비용을 집행해서 진행하는 광고 채널에는 어떤 게 있을까? 자주 접하는 모바일과 PC의 배너 광고부터, 유튜브에 나오는 동영상 광고, 지하철과 버스정류장, 전광판에 걸린 옥외 광고까지 다양하다. 여기에 전통적인 TV, 라디오, 신문 광고도 있다. 요즘은 모바일 앱에서도 광고를 많이 볼 수 있다.

광고 채널은 비즈니스로 바로 연결이 가능하다는 특징이 있다. 광고비 얼마를 써서 얼마의 효과를 얻는지, 즉 인풋 대비 아웃풋을 높이는 것이 중요하다. 이때 필요한 부분이 바로 키메시지 key message 를 잡는 것이다. 광고로 고객에게 전하고자 하는 하나의 메시지, 하나의 행동을 담아야 한다는 뜻이다. 그래야 결과물이 하나로 이어진다. 키메시지가 없거나 모호하면 결과물이 좋을 수가 없다.

광고 채널, 페이드 미디어는 단기간에 다양한 곳에 노출할 수 있다는 장점도 있다. 그런데 이 말은 단기간에 적지 않은 비용을 써야 한다는 말이기도 하다. 따라서 매체별로 비용이 잘 쓰이도록 얼마나 많은 사람에게 노출되었는지, 클릭 수는 어느 정도인지, 매출에 얼마나 기여했는지 등 효과를 측정할 기준과 목표를 정해야 한다.

페이드 미디어를 집행할 때의 순서를 기억하자. 먼저 키메시지를 만들고 광고 소재로 만든다. 이후 어떤 매체와 채널에 얼마의 비용을 집행할지를 결정한다. 다음에 효과 측정의 기준과 목표를 잡는다. 마지막으로 비용 대비 효과를 측정한다. 총 네 단계다.

광고 채널의 4단계

키메시지 확립 → 채널과 비용 선정 → 목표 설정 → 비용 대비 효과 측정

가장 중요한 3요소

광고 소재, 광고 매체, 광고 예산

광고 채널을 실제 집행할 때 주의할 점을 짚고 넘어가보자. 유명한 셀럽이니까, 좋은 광고회사니까, 많은 비용을 썼으니까 잘될 것이라는 생각은 위험하다. 대신 이렇게 생각해보자. 우리 메시지를 잘 전달할 방법은 무엇일까? 전략을 잘 실행해줄 파트너사는 어디인가? 비용은 효과적으로 잘 쓰고 있는가?

광고 채널 집행하는 법

- 유명한 셀럽이랑 하니까 잘될 거야 (×)
  → 우리 메시지를 잘 전달할 수 있는 모델이 누굴까? (○)
- 좋은 광고회사에서 했으니 잘될 거야 (×)
  → 이번 마케팅 전략을 잘 완성해줄 대행사는 어딜까? (○)
- 많은 비용을 썼으니 잘 노출될 거야 (×)
  → 비용을 잘 쓰고 있을까? 얼마의 효과를 거둘 수 있을까? (○)

레드오션에서 살아남는 차별화의 무기들

팔로워보다 좋아요보다 중요한 것

지금까지 세 가지 채널로 미디어 전략을 살펴봤다. 그렇다면 브랜드와 고객과의 첫 만남은 어디서 시작될까? 자체 채널인 온드 미디어? 아니다. 온드 미디어에 왔다는 것은 이미 이전 단계가 있었다는 뜻이다. 2부에서 살펴본 고객과 관계 맺는 단계를 채널별 미디어 전략에 대입해보자.

1) 눈 마주침

언드 미디어(외부 채널)에서 브랜드 메시지나 제품을 확산해서 고객에게 알린다. 언드 미디어의 팬과 트래픽을 활용해서 고객이 자체 채널로 오게끔 유도한다.

페이드 미디어(광고 채널)에서는 도달을 극대화한다. 비즈니스로 연결되게끔 고객행동을 유도한다.

2) 관계 맺기

온드 미디어(자체 채널)까지 온 고객은 브랜드를 더 자세히 알게 된다. 이곳에 머물면서, 혹은 다시 찾으면서 고객과 브랜드의 접점이 생긴다.

3) 고백하기

비즈니스와 연계되는 단계다. 실질적인 가입이 발생하고, 매출로 연결된다.

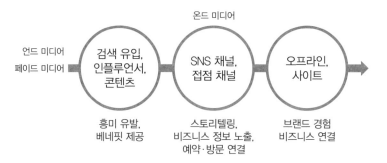

채널별 고객과 관계 맺기

미디어 콘텐츠에서 숫자보다 중요한 부분이 있다. 모두를 위한 연인은 없듯이 모두를 위한 브랜드, 모두를 위한 콘텐츠는 매력을 어필하기 쉽지 않다. 모두에게서 나온 높은 숫자보다 명확하고 확실한 타깃에게서 나온 낮은 수치가 때로는 더 힘을 갖는다.

조회수와 팔로워만 보는 시대는 지났다. 이제는 누구를 향하려고 하는지, 확실한 핵심 타깃과 타깃을 위한 뾰족한 콘텐츠가 있는지가 승패를 가른다. 브랜드도 마찬가지다. 무언가를 원할 때 마트에서 누구나 살 수 있는 브랜드와 내 취향을 저격하는 온라인 한정 브랜드 중 어느 쪽이 기억에 남을까?

미디어 전략 요약

온드 미디어 = 자체 채널
언드 미디어 = 외부 채널
페이드 미디어 = 광고 채널

브랜더의 질문 | 내 브랜드는 채널별 전략을 어떻게 수립할까?

1. 온드 미디어 | 나는 누구인가?
브랜드를 정의하는 아이덴티티를 담는 곳
Q. 내 브랜드의 메인 채널을 어디에서 어떻게 만들까?

2. 언드 미디어 | 어떻게 알게 할까?
브랜드로 올 수 있게 연결하는 곳
Q. 내 브랜드의 외부 채널을 어디로 확장할까?

3. 페이드 미디어 | 어떻게 비즈니스로 만들까?
고객행동이 바로 비즈니스로 연결되는 곳
Q. 내 브랜드는 어떤 고객행동을 바로 만들 수 있을까?

• • •

3부에서는 다음의 네 가지를 단계별로 살펴보았다.

1. 컨셉 무기 : 어떻게 차별화를 만들어야 하는가?
2. 시그니처 무기 : 고객이 경험해야 할 단 하나는 무엇인가?

3. 원메시지 무기 : 어떤 메시지를 고객에게 전할 것인가?

4. 채널 무기 : 어디에서 어떻게 말하고 있는가?

이 4단계를 통해 브랜드 차별화와 성장을 실현할 수 있다. 앞으로 내가 만들 혹은 만들어가고 있는 브랜드를 위의 4단계에 대입해서 떠올려보자. 고객에게 무엇을 어필해야 하는지, 무엇이 부족하고 채워져야 하는지 전보다 더 자세히 그려질 것이다.

우리 브랜드는 작은 브랜드라서 어렵다고? 작다면 작은 대로 충분하다. 3평짜리 1인 가게 브랜드도, 하나의 제품을 파는 커머스 브랜드도 모두 가능하다. 결국 중요한 본질은 같기 때문이다. 아직 브랜드가 준비되지 않았다면, 앞으로 어떻게 만들어갈지 미래의 이야기를 담아보아도 좋다.

컨셉 – 시그니처 – 원메시지 – 채널 방향성이 잘 갖춰졌다면, 이제 본격적으로 브랜드 '성장'에 돌입할 단계다. 다음 4부에서는 브랜드를 어떻게 키우는지, 어디에서 시작해서 어디로 확장해가야 하는지 브랜드 성장의 무기를 만나보자.

4

지속적으로 매출을 올리는
성장의 무기들

: 세일즈에 브랜딩을 더하면 도약의 순간이 온다

마이너스 3억에서 매출 300억까지, 플로우스

어떤 직원과 사업을
키워나갈 것인가?

작은 브랜드를 운영하다 보면 많은 고민이 따른다. 어느 타이밍에 직원을 채용해야 할까? 가족과 함께해도 괜찮을까? 시간이 지나서는 이런 생각이 든다. 언제쯤 지금보다 더 커질 수 있을까? 하나의 브랜드에서 다른 브랜드로 확장해도 괜찮을까? 이 중 하나라도 고민해본 적이 있다면, 이번에 소개할 브랜드의 이야기에서 성장에 관한 힌트를 찾아갈 수 있을 것이다.

지하실에서 형제 2명이 시작해서 5년 만에 230억 규모로 성장한 브랜드가 있다. 이곳에는 전혀 다른 직업군의 사람들이 모인다. 항공사, 모델, 컬러리스트, 구두 영업, 공연 연출을 하던 사람들이 하나의 브랜드에서 만났다. 이런 괴짜들이 모여 5개, 6개, 7개의 브랜드로 확장해가고 있다. 세상에 없던 스토리를 만들어가고 있는 플로우스를 만나보자.

'팬덤을 키우는 브랜딩'을 주제로 강의를 하던 날이었다. 쉬는시간에 반듯해 보이는 한 젊은 남성이 다가왔다. 온화한 얼굴에는 고민이 깃들어 있었다. 들어보니 지금 하는 일에 고민이 많다고 했다.

"지금까지 막힘없이 쭉 잘 왔었는데, 어느새 정체되어 더 나아가지 못하고 있어요. 어떻게 하면 좋을까요?"

한 기업의 대표인 그는 30대로 보이는 모습에 비해 긴 사업력을 가진 듯 보였다. 그런데 어느 순간 순조롭던 브랜드가 막혀서 잘 풀리지 않는 시기를 맞닥뜨렸고, 어떻게 헤쳐가야 할지가 고민이라고 했다. 내 경험상 5년 넘게 브랜드를 키워오다가 연 매출 100억 구간에서 막혀서 다음 단계로 나아가지 못하는 브랜드가 많았다. 물어보니 마찬가지로 그 범위 안에 들어 있었다.

혹시 내가 도와줄 수 있는지 요청해왔지만, 바로 함께하기에는 그 브랜드를 알아간 시간이 충분하지 않다고 생각해서 정중하게 거절했다. 그후 새로운 브랜딩 프로그램을 열면서 좋은 성장 스토리를 만들 수 있을 잠재력 있는 브랜드와 밀도 있게 이야기를 채워가고 싶은 마음에 프로그램 지원서를 받았다. 그중 지원서 하나가 눈에 띄었다. 이전 강의 때 봤던 그 젊은 사업가였다. 지원서에 함께 브랜드를 제대로 만들어보고 싶다는 이야기에 더해 10년 뒤의 모습까지 그려둔 점이 인상적이었다. 이번 기회에 함께하고 싶다는 생각이 들었다.

프로젝트 동안 함께 모인 브랜드가 각자 자신의 브랜드를 밀도 있게 설계해나갔다. 5주가 지나고 브랜드별로 컨셉과 카피, 스토리가 만들어졌다. 과정이 종료된 후 열정 넘치는 사업가는 다시금 손을 내밀었다.

"그동안 많은 것을 배울 수 있는 시간이었습니다. 제가 그린 그림을 현실로 만들 수 있게 실행을 도와주실 수 있을까요?"

유비가 제갈공명을 영입하기 위해 두 번이고, 세 번이고 찾아서 결국 진심을 전하던 삼국지의 한 모습이 문득 떠올랐다. 나는 제갈공명이 아닌데도 계속 찾아주는 모습에 감사한 마음을 갖고, 마케팅 자문 역할로 브랜딩 프로젝트에 참여하게 되었다.

직원 대탈주 수난시대

브랜드와 함께 일을 시작할 때 나만의 원칙이 있다. 창업 대표의 창업 전부터 현재까지의 이야기를 전부 만나보는 것이다. 브랜드가 지나온 지난 스토리 안에 브랜딩과 비즈니스의 모든 힌트와 방향성이 있다고 생각하기 때문이다.

첫 비즈니스는 2012년, 가진 돈 30만 원으로 시작되었다. 볼펜

지속적으로 매출을 올리는 성장의 무기들

과 장난감을 도매로 사서 파는 일이었다. 두 가지 모두 깨나 전통적인 아이템이었다. 유통 채널과 상품 이해도가 높아지면서 점점 판매량이 늘었다. 계속하다 보니 문득 '다른 누군가가 만든 물건을 파는 일이 시간이 지났을 때 어떤 의미로 남을까?' 하는 의문이 들었다. 남는 것이 없다는 결론을 내리고 자신의 브랜드를 만들기로 결심한다.

2018년, 여행 붐이 이는 시기에 맞춰 저가형 캐리어를 선보였다. 처음 선보인 자체 브랜드는 반응이 좋았다. 기성 제품 대비 절반도 안 되는 파격적인 가격으로 판매는 수직상승을 했고 연 매출 50억을 달성했다. 다른 직원 없이 혼자 이뤄낸 성과였다.

Q. 혼자서 50억까지 만든 이유와 그 과정에서 알게 된 것은?

A. 상품 등록부터 디자인, 패킹, 부가세, 고객관리까지 모든 과정을 다 알고 싶었다. 혼자서 10~20명이 할 일을 쪼개서 했다. 할 수 있는 데까지 해보고 쓰러지기 직전에 사람을 채용하자는 생각이었다. 물론 다른 선택지도 있었다. 같은 시기에 사업을 시작한 한 분은 나더러 계속 사람을 먼저 뽑아야 한다고 이야기했다. 결과도 그쪽이 더 빨리 성장하기도 했다.

빠르게 가기보다 단단하고 안전하게 가고 싶었다. 직접 해봐야 나중에 성장 단계에서 적재적소에 인원을 배치하고, 일의 흐름을 알 수 있다고 생각했다. 지금도 그렇게 하나씩 나아가고 있다.

영광은 오래가지 못했다. 카피 제품이 연이어 등장하고, 가격 무한경쟁이 펼쳐지며 가성비 캐리어의 판매는 줄어들었다. 쉽게 카피할 수 없는 '기획형 제품'을 만들어서 팔 차례였다. 지금껏 제품 기획부터 판매, 유통 관리, 업체 소통, CS Customer Service&Consumer Satisfaction (고객만족관리)까지 모두 혼자 했다면 이제는 누군가와 함께 해야 했다. 친동생이 합류하기로 했고, 한 건물의 지하주차장 옆 자그마한 공간에 최소한의 비용으로 사무실을 차렸다. 관리가 잘되지 않아서 넝쿨이 가득했고, 벌레들과도 불편한 동거를 해야 했다. 여름에는 덥고, 겨울에는 추웠다.

지하실에서 형제 두 명이 다음 제품을 준비하기엔 손이 많이 부족했다. 첫 직원을 영입하는 순간이었다. 조금씩 어엿한 회사가 되어가나 싶더니 미팅을 다녀온 사이 메시지 하나를 남기고 직원이 사라지고 말았다. 말로만 듣던 '카톡 퇴사 통보'였다. 거기서 끝나지 않고 이후에 채용한 또 다른 직원에게서도 같은 일이 반복되었다. 대체 왜였을까? 지하철과 버스에서 내려서 한참을 가야 하고 벌레가 나오는 넝쿨로 둘러싸인 지하 창고 사무실이 가장 큰 원인이었다.

브랜드가 잘될지 안될지 확신할 수 없는 불안정한 시기에 생존 가능성을 높이려면 비용부터 절감해야 한다. 처음에 투자를 받거나 초기 자본이 충분하면 번화가의 깔끔한 오피스에서 시작할 수 있다. 그런데 좋은 위치와 깨끗하고 넓은 내부는 비용과 직결된다. 산업에 따라 다르겠지만, 대부분은 초반에 고정 비용 이상의 가치를 만들기가 쉽지 않다. 사업 초기에 바로 수익이 생기거나 안정화되기 어렵기 때문에, 고정비를 최소화하여 버틸 수 있는 시간을 길게 가져가는 편이 생존에 더 유리하다. 스타트업에서는 이를 '런웨이'라고 한다. 즉 스타트업이 보유 자금으로 생존할 수 있는 기간이다. 런웨이가 1년이라는 말은 신규 수익을 만들어내지 못하거나 투자 유치에 실패하면 1년 뒤 폐업할 수 있다는 의미다.

참고로 나 역시 무기연구소 초인랩을 시작할 때 지인이 운영하는 바가 문을 닫은 시간에 그 공간을 이용했다. 평시에는 살고 있는 집 한쪽에 공간을 만들어서 조금씩 일을 키웠다. 1년 후 경험이 충분히 쌓였다는 판단이 들고 나서야 별도의 공간을 만들었다.

마케팅 해본 적 없는
마케터들과 확장의 시대

오랜 준비 끝에 야심작 기획 제품을 선보였다. 누구에게나 필요한 '전기 모기 퇴치기.' 이번에도 물건은 많이 팔렸다. 그런데 이상하게 파는 족족 반품이 이어졌다. 반품은 보관부터 물류, 폐기까지 2배 더 많은 비용이 들어간다. 답은 현장에 있었다. 보관과 배송을 담당하는 물류 창고에서 관리 부실로 제품이나 외관이 손상되고, 입출고 과정에서 파손이 발생했던 것이다. 결국 오랜 시간 준비한 제품을 접어야 했다. 결과는 마이너스 3억 원. 이제껏 사업하며 모아둔 시드머니가 하루아침에 사라졌다.

'현장'의 중요성을 실감하게 해준 이 경험으로 그때부터 공장과 창고를 오가며 제조, 물류 유통 과정과 구조, 생태계를 마스터 해나갔다. 그러다가 이런 생각이 떠올랐다. "공장에서 바로 팔면 어떨까?" 유통 채널이나 중간상을 거치지 않고 바로 팔면 고객에게 더 큰 가성비의 제품을 제공할 수 있다. 그렇게 공장에서 직접 제작해서 바로 고객에게 전달하는 계절가전 전문 브랜드가 탄생했다. 성장은 날개를 달았고, 그럴듯한 사무실에 자리를 잡은 후 새롭게 직원들을 영입했다. 이번에도 사업의 생존과 지속을 위해 한정된 비용으로 인재를 영입해야 하는 미션이 있었다. 김민호 대표가 내린 선택은 다음과 같았다.

'함께하실 분을 찾습니다. 경력이 0일이어도 좋습니다. 뭔가에 푹 빠져본 경험만 있다면 누구든 환영입니다.'

말 그대로 진짜로 경력을 보지 않았다고 한다. 면접에서는 단 한 가지만을 확인했다. 뭔가에 푹 빠져본 경험이 있는지. 본인부터 지금까지 1인 기업으로 50억 원 넘게 규모를 키우고 새로운 상품을 꺼내는 일이 가능했던 이유가 매 순간 깊은 '몰입'을 할 수 있었기 때문이었다. 회사 이름도 그래서 플로우스Flows (몰입)였다.

뭔가에 깊이 빠져본 경험이 있는 사람들을 연이어 영입했다. 마케팅을 한 번도 해보지 않은 전직 영업 사원이 합류했다. 마케팅을 모르는 항공사 직원이 함께했다. 이후에도 모델이나 컬러리스트 출신 직원들이 하나둘 들어왔다.

이들 대부분이 마케터 포지션이었다. 마케팅을 전혀 해보지 않고도 잘할 수 있을까? 직접 실행해본 김민호 대표는 가능하다고 말한다. 특히나 게임에 푹 빠져본 사람이라면 더없이 유리하다. 그의 머릿속에서 마케팅은 게임과 같다. 마케팅은 단축키를 외워서 순발력을 높이고, 매 순간 적절한 전략으로 레벨업 하는 게임의 현실판이다. 실제로도 게임을 잘하는 직원이 시간이 지날수록 생산성도 결과물도 좋았다고 한다. 놀랍게도 반전은 마지막에 숨어 있었다.

"그럼 대표님도 게임 많이 하시겠네요?"
"아뇨. 전 게임을 하지 않아요. 해본 적이 없어요."

내가 가진 것을 가진 직원과 내가 가지지 못한 것을 가진 직원. 초기에 직원을 채용할 때 둘 사이에서 많은 고민이 든다. 전자를 택하는 이유는 나처럼 생각하고 움직여주길 바라서다. 그런데 최소한의 비용으로 최대한의 성과를 내야 하는 초기에는 (업종에 따라 다르겠지만) 나와 비슷한 사람을 뽑기보다는 내가 가지지 못한 것을 가진 직원을 뽑을 때 효용이 더 좋을 수 있다.

나와 동일한 것을 가진 직원이 오면 효율성이 높아지지만 영역이 겹친다. 내가 가지지 못한 것을 가진 직원이 오면 효과성이 높아지고 영역도 넓어진다. 물론 후자의 경우 대표나 기존 멤버가 해야 하는 일은 줄어들지 않는다. 일을 빠르게 숙달해서 절대적인 시간을 줄이는 수밖에 없다. A부터 Z까지 모든 단계를 익히고 나서 누군가에게 일을 위임해도 늦지 않다. 그러면 일을 시킬 때의 디렉션도 달라질 테고 말이다.

유의할 것은, 위 내용이 초창기에 1~2명을 채용할 때의 이야기라는 점이다. 10명 이상 규모의 채용 단계에서는 회사 문화, 일과의 적합성이 가장 중요하다.

파는 것만이 전부는 아니다

하나둘 영입하는 사람이 늘어나고, 브랜드도 그만큼 넓어졌다. 브랜드별 팀을 세팅하고 관리와 CS기능까지 채우고 나니 어느새 30명의 100억 규모 회사가 되었다. 그러나 빈 곳이 하나 있었다. 바로 '브랜딩'이었다. 지금까지는 파는 기술로 30만 원 볼펜부터 100억 회사까지 올 수 있었지만, 그 이상의 단계는 브랜딩이 더해져야 가능하다는 사실을 직감했다.

실제로 사업도 100억대 구간에서 멈춘 상태였다. 지금까지 해 온 방식 그대로 이어가기보다는 전문가가 필요하겠다는 결심이 섰다. 그래서 브랜딩과 팬덤의 무기로 비즈니스를 성장시켜 온 한 마케터를 찾아갔다. 마지막 한 조각이 채워지면서 괴짜들의 집합체가 완성되었다. 작은 브랜드의 시대를 외치며 자신의 마케팅 무기를 세상에 전하는 나의 모습이 괴짜처럼 보였던 걸까?

194

판매에 브랜딩을 더한 변화의 시대

플로우스는 생활가전, 기능성 이어폰, 욕실 제품 등 5개 브랜드 제품을 온라인으로 판매하는 곳이다. 나의 역할은 그중 새로 선보인 2개의 브랜드를 크루들과 함께 다시 만들어가는 것이었다. 한마디로 리브랜딩 rebranding 프로젝트였다. 처음 가자마자는 직원들과 일대일 대화를 진행했다. 마케팅 디렉팅과 자문을 하고, 코칭 자격을 취득한 후 많은 사람을 만나면서 한 가지 깨달은 것이 있다면, 단둘이 나누는 대화만큼 그 사람을 빠르게 이해하고 마음의 문을 열기 좋은 방법이 없다는 것이다.

브랜드 담당자들과 대화를 나누면서 두 가지를 알게 되었다. 첫째, 내부적으로 '파는 것=마케팅'이라는 생각이 지배적이었다. 물론 틀린 말은 아니다. 그런데 파는 것만이 마케팅의 전부는 아니다. 고객을 찾고, 브랜드의 이야기를 전하고, 브랜드를 더 좋아하게 만드는 과정까지 포함되어야 한다. 처음에는 직원들 사이에서 브랜드를 좋아하게 만드는 의미나 팬을 모으는 효과에 공감대가 크지 않았다. 브랜딩이 당장 매출을 얼마나 올려줄지에 대한 궁금증이 많았다.

지금까지 읽어온 독자들은 아마 내 대답을 예상했을 것이다. 브랜딩을 한다고 매출이 당장 오르기는 쉽지 않다. 다만 우리 브랜드를 좋아하는 고객이 생기고 그 수가 많아지면, 그 이후에 매출이 늘어난다. 그러자 담당자들이 이렇게 물어왔다.

"그러면 지금은 파는 일에 집중하는 게 좋지 않을까요?"

"지금까지 했던 방식 그대로요?"

"네."

"그러면 미래에도 지금 모습 그대로일 텐데요. 1년 뒤, 2년 뒤에 브랜드가 지금의 모습 그대로이길 원하시나요?"

"아뇨. 지금과는 다른, 더 나은 모습이었으면 좋겠어요."

Q. '팔리는 것이 가장 좋은 브랜드'에 대한 생각은?

A. 판매에만 집중하면 매출로 바로 이어질 수는 있다. 그런데 판매만 챙기다 보면 장기적으로는 좋지 않다고 생각한다.
브랜드의 방향성은 크게 두 가지다. 만약 프랜차이즈로 단기간에 빠르게 성장해서 엑시트 exit(비즈니스와 브랜드를 누군가에게 매각하는 것)하는 것이 목표라면 '기능'에 집중해서 빠르게 파는 브랜드를 만들어야 한다. 하지만 장기적으로 오래 키워가고 싶다면 브랜드에 '의미'가 반드시 필요하다.
정리하자면 다음과 같다.

기능 = 보이는 베네핏(효력, 성능)
의미 = 보이지 않는 베네핏(감정, 감성)
기능 + 의미 = 브랜드의 가치

플로우스는 디지털 광고로 판매하는 퍼포먼스 마케팅으로 성장했다. 그렇기에 기존 멤버들의 이런 반응은 당연할 수밖에 없었다. 우선 고객이 브랜드를 좋아하게 만드는 의미와 중요성을 설득하고 공감대를 만들어갈 필요가 있었다.

둘째, 각자 생각하는 '브랜드의 모습'이 서로 달랐다. 정확하게는 뚜렷한 브랜드의 모습이 없었다. 누구는 가성비 브랜드라고 하고 누군는 감성적인 브랜드라고 했다. 또 다른 누구는 기능에 특화된 브랜드로 인식했다. 각기 다른 브랜드 이미지를 내부적으로 통합하고 일치해가는 과정도 필요했다.

전하고자 한 핵심 메시지는 이러했다. 사람들이 브랜드를 좋아하게 되면, 시간이 지나 결국 비즈니스 성장으로 이어진다는 것. 빠르게 성장한 많은 기업이 이곳처럼 브랜딩 과정을 빠뜨린다. 단기 판매에만 집중하면 결국 한계를 만난다. 기능과 의미, 세일즈와 브랜딩이 더해져야 지속적인 성장을 할 수 있다. 브랜딩은 할지 말지 선택하는 영역이 아니라, 사업의 성장을 위한 필수 요건이다.

공통적인 브랜드의 모습을 만들기 위해 브랜드별 구성원들과 매주 브랜딩 워크숍을 진행했다. 처음엔 이 과정을 왜 하는지 공감하지 못하는 일원도 있었지만, 시간이 지나자 어느새 그들이 나보다 더 몰입하는 것이 느껴졌다. 나 역시 김민호 대표의 '게임 몰입론'과 마찬가지로 '브랜드에 몰입'하는 담당자부터가 브랜드의 시작이라고 생각한다. 그렇게 두 달의 시간 동안 '브랜드 정의'를 새롭게 만들었다. 세일즈 마케팅만 했던 사람들이 모여서 이제껏 한 번도 해보지 않았던 브랜딩 프로젝트를 해냈다. 모호하던 2개 브랜드의 가치가 뚜렷하고 뾰족해졌다.

이름 빼고 모두 새롭게

Q. 브랜딩을 처음 해보고 알게 된 것은?

A. 지금까지는 네이밍(브랜드 이름, 제품 이름)을 하고 제품을 정하고 그때부터 브랜딩을 고민했다. 이제는 완전히 다르게 해야 한다는 사실을 안다. 앞으로는 브랜드를 먼저 만들고, 네이밍과 제품 만들기는 그 후에 하려고 한다. 그 과정에서 모두의 생각이 더 선명하게 정리되고, 대표부터 크루까지 모두 한곳을 향할 수 있으리라 생각한다.

처음 들었던 고민은 기존에 매출 중심으로 일해오던 퍼포먼스 마케터가 콘텐츠를 만들어서 브랜드 마케팅을 할 수 있을지였다. 기존에 해오던 것과 다르니 낯설 터였고, 새로운 도전이 필요했다. 결과적으로 브랜딩을 하고 나서 판매 효율이 3배 이상 좋아졌다. 기능만으로 팔 때는 한계가 있었는데, 브랜드만의 감성을 더했더니 비로소 브랜드가 완성되었다.

내가 브랜딩에 참여한 2개의 브랜드는 오픈형 이어폰 브랜드 '사운드본soundBONE'과 조명형 가전 '리브제livejet'였다. 사운드본은 배달 일을 하는 사람들에게 유용한 골전도 이어폰이 주요 제품이었다. 이 브랜드를 핵심 고객부터 브랜드 가치까지 새롭게 정의했다. 러너runner를 위해 존재하는 브랜드로, '세상을 듣는 사운드'를 키 메시지로 잡았다. 브랜드 가치부터 콘텐츠, 고객경험 설계까지 모든 과정을 러너의 성장에 맞춰서 다시 그렸다. 그리고 모든 브랜드 채널의 상세페이지부터 SNS 콘텐츠, 고객 참여 챌린지에까지 러너를 위한 메시지를 담아냈다. 그랬더니 두 달 만에 SNS 팔로워가 6배 이상 늘어났고, 러너들이 찾는 브랜드로 새롭게 탄생했다.

조명형 가전 브랜드 리브제는 이전에 정체성이 불명확했다. 가성비 제품인지, 감성 제품인지, 기능성 제품인지 뚜렷하지 않았다. 이 브랜드는 감성 브랜드에 가깝게 포지션을 바꿨다. 이를 '리포지셔닝repositioning'(고객이 브랜드를 인식하는 영역을 바꾸는 것)이라고 한다. 이 브랜드에서는 기능 그 이상의 감각과 감성을 말하기로 했다. 그렇게 일상의 공간을 비추는 오브제형 생활가전이 탄생했다.

기획자, 마케터, 디자이너와 이 과정을 함께하면서 비주얼부터 패턴, 컬러, 메시지를 더 정밀하고 감도 있게 다듬는 작업을 거쳤다. 그 과정에서 리브제가 해야 할 것과 하지 말아야 할 것, 리브제스러운 것과 리브제스럽지 않은 것까지 세부적으로 정의했다. 마지막으로 머리를 맞대고 브랜드 키카피와 문구들을 앞으로 1년간 쓸 수 있을 만큼 충분히 써 두었다. 왜 이렇게까지 해야 했을까? 감성과 감각을 지향하는 브랜드는 '비주얼'과 '워딩'을 일관성 있게 이어가는 것이 가장 중요하기 때문이다.

리브제의 무기는 '감각적인 홈테리어 그룹'이었다. 먼저 그룹에 속한 고객들의 마음을 사로잡아 자발적으로 감각적인 콘텐츠에 제품을 담을 수 있게 해야 했다. 제품 협찬을 하거나 마케팅용 콘텐츠를 만들 때에는 불특정 다수가 아닌 브랜드와 핏 fit 이 맞는 고객에게 다가가야 한다. 리브제는 브랜드가 원하는 고객에게 가닿기 위해 그들에게 맞춤한 콘텐츠를 지속적으로 만들었고, 그러자 리브제의 감성을 추구하는 고객들이 하나둘 찾기 시작했다. 초기 고객들이 올린 콘텐츠를 보고 유사한 성향을 가진 사람들에게까지 브랜드가 퍼져 나갔다. 그리고 결과는? 준비한 초도수량 6,000개가 석 달 만에 모두 완판되었다.

Q. 초인을 만났을 때의 고민은? 어떤 변화를 만들 수 있었는지?

A. 이제껏 가장 힘든 시기였다. 기존 브랜드와 새로 론칭한 브랜드의 제품을 동시에 선보였다. 결과적으로 모두 잘 안되었고, 손해만 10억이 넘었다. 이제껏 성공을 이어오다가 처음으로 흔들리자 함께 일하는 크루들의 사기가 떨어졌다. 기존의 성공 방정식이 처음으로 무너졌다.

원인은 두 가지였다. 제품과 브랜딩. 먼저 실제품에서 문제가 생겼다. 그런데 브랜드도 탄탄하지 못하니까 고객들이 찾아주지 않았다. 가장 중요한 본질은 결국 상품이고, 제품을 세상에 꺼내서 팔 크루들의 열정은 그다음이었다. 브랜딩은 제품과 크루, 고객을 하나로 꿰어주는 끈이었다. 그런데 브랜딩이 참 어려웠다.

사운드본에서 제품을 선보이고 브랜드를 만들어야 하는 시작점에 브랜드 디렉터 초인을 만났고 이름 빼고는 다 바꿨다. 홈페이지와 SNS부터 달라졌다. 제품은 동일한데 완전히 다른 브랜드가 되었다. 빠르게 브랜드만의 목소리를 낼 수 있었다. 브랜드에 깊숙하게 들어가서 드러나지 않았던 생각을 꺼내는 것, 그것을 뾰족하게 좁히는 과정이 브랜딩이라는 사실을 배웠다. 그리고 좋은 답은 좋은 질문에서 나온다는 것도.

플로우스가 어벤져스라고 하면 기존 5개 브랜드는 비슷비슷한 스톰트루퍼(스타워즈에 나오는 흰색의 전투병) 같은 모습을 하고 있었다. 그런데 브랜딩을 입히고 나자 달라졌다. 사운드본은 강인한 신체와 전투력을 가진 '블랙팬서' 같은 스포티한 브랜드로, 리브제는 세밀하고 감각적인 '블랙위도우' 같은 감성적인 브랜드로 재탄생했다.

이렇게 한 이유는 두 가지였다. 먼저 플로우스처럼 자사 브랜드가 여러 개일 경우 서로 고객군과 시장이 겹치지 않게 설정하면 카니발리제이션 cannibalization (자사의 브랜드와 제품이 서로의 영역을 빼앗아 결국 전체에서 마이너스가 나는 현상)을 피할 수 있다. 브랜드가 나아가는 방향점을 다르게 설계하는 것이다. 두 번째는 플로우스가 그리는 10년 뒤 모습의 첫 디딤돌을 놓고 싶었기 때문이다. 실제로 브랜드의 변화가 비즈니스를 어떻게 바꿨을까?

결국 브랜딩이 팔린다

브랜드의 정의부터 자사 채널 리뉴얼, 콘텐츠 기획, 고객행동설계까지 모두 하나로 연결되기 시작했다. 나는 일련의 과정에 방향을 잡아주는 디렉터의 역할을, 마케터와 디자이너들은 방향에 맞춰 실제로 일을 집행하는 실행자의 역할을 했다. 시간이 지나자 함께하는 사람 모두가 어느새 '브랜더'가 되어 있었다. 제품의 기능과 판매 메시지를 넘어 '고객'과 '브랜드 메시지'를 말하기 시작했고, '스토리텔링'에 관한 고민을 이어갔다. 이제는 먼저 기획을 제안하기도 했다. 빠르고 치밀한 실행이 뒤따르니 실적도 자라났다.

브랜딩 적용 이후 판매율이 이전보다 3배 이상 높아졌다. 광고비는 줄고 효율은 더 높아졌다. 이제는 브랜드를 먼저 찾는 팬 그룹이 생겨났다. 유통 채널에서도 먼저 입점해달라고 연락이 와서 자연스럽게 브랜드가 확장되었다.

가장 중요한 변화는 내부에서 크루들이 브랜딩에 먼저 공감하고 동일한 브랜드 DNA를 가지게 되었다는 점이다. 브랜딩이 있었기에 가능한 변화였다.

Q. 콘텐츠와 광고, 어떻게 다르던가?

A. 콘텐츠(콘텐츠 마케팅)와 광고(퍼포먼스 마케팅)의 경계가 허물어지는 순간을 만났다. 이전에는 광고를 위한 기획, 즉 팔기 위한 기획만 해왔었다. 이제는 고객이 브랜드를 좋아하게 만드는 콘텐츠 기획도 함께 진행하고 있다. 두 가지 모두 필요하다고 생각한다. 좋아하게 만드는 콘텐츠, 팔기 위한 광고. 이 두 가지 양날이 모두 필요하다.

300억을 넘어 1000억 회사로

브랜딩 여정을 지나 2024년 플로우스의 연 매출은 230억 원(5개 브랜드 합산 기준)을 달성했고, 2025년 현재는 300억 원을 향해 가는 중이다. 100억 원대에서 300억 원대로 성장하는 데 브랜딩의 효과는 어느 정도일까? 그동안의 경험에 비추어 개인적인 해석을 덧붙여보자면, 100억 원부터는 제품의 가치에 '브랜드의 가치'가 더해져야 비즈니스가 성장한다고 생각한다. 실제로 100억 원에서 1000억 원대로 빠르게 성장한 브랜드를 살펴보면 모두 공통점이 있다. 특정

'고객군'에게 어떤 '가치'를 주는 '브랜드'로 인식되는 것. 비즈니스 성장에 브랜드 성장은 필수다.

플로우스는 어떤 꿈을 그리고 있을까? 김민호 대표의 말을 옮겨본다.

"저는 2033년에 1000억 원 규모의 복합문화공간을 만들고 싶습니다. 하나의 공간에 제가 가진 브랜드로 여러 경험을 만들어보고 싶어요. 브랜드와 함께 고객분들이 행복하게 먹고 마시고 머물도록요. 사람들이 좋아하는 브랜드를 만들어서 확장하고 싶습니다.

볼펜과 장난감, 캐리어로 시작해서 계절가전, 헤어샵, 이어폰, 오브제 가전, 생활용품까지 왔고 다음으로 F&B 브랜드를 준비하고 있어요. 제가 그리는 공간을 채워줄 중요한 역할이죠. 그렇게 브랜드가 하나씩 모이면 보다 강력한 어벤져스가 될 거라고 생각해요.

그 과정에서 크루원 각자에게 가장 잘 맞는 산업과 브랜드가 있겠지요. 크루들과 이 모든 과정을 함께 만들어가고 싶습니다. 다만, 서두르지 않고요. 조금씩 천천히 확장해서 1년에 1개씩 브랜드를 세상에 꺼내는 것. 그것이 제가 그리는 미래 모습입니다."

Q. 브랜드의 단계별 성장 과정에서 알게 된 팁은?

A. 매출 금액별로 구간을 나눠서 보면 더 좋을 것 같다.

1) 10억에서 50억까지

이 단계는 혼자서 일을 알아가며 성장하는 단계다. 나 역시 이 기간에는 두 시간씩 자고, 누구와도 약속을 잡지 않으면서 2년을 혼자서 몰입했다. 그렇게 일해온 방식이 고스란히 플로우스만의 일 문화가 되었다. 정신없이 바쁘고 시행착오도 많이 겪는 기간이다. 조금이라도 더 시간을 확보하자.

2) 50억에서 100억 사이

직원들과 함께 성장하는 단계다. 뒤늦게 아쉬웠던 부분들이 눈에 들어왔다. 당시 함께 일하는 사람들에게 앞으로의 '비전'을 제시하지 않았다. 오직 매출만을 향해 달렸다. 다시 돌아간다면 어떻게 성장해갈지 비전 제시를 꼭 할 것 같다. 직원이 한 명일 때부터!

이때 속해 있는 시장을 잘 파악하는 일이 중요하다. 많은 시도를 하고, 성공 요인을 찾아서 빠르게 접목시켜야 한다. 세상에 없던 새로운 것을 개척하려고 하면 쉽지 않다. 기존에 존재하거나 곧 성장할 시장으로 가야 한다. 그중 히트 치는 1~2개가 성장을 견인할 것이다.

이 과정에서 버티지 못하고 무너지는 사람이 많다. 물론 힘들겠지만, 계속해서 시도해야 한다. 다음 단계로 나아가는 과정에서 실패를 두려워하면 이 구간에서 멈추게 된다.

3) 100억에서 300억까지

벤치마킹을 잘하고 시장의 흐름을 잘 따라가면 100억까지는 가능하다. 그런데 200억, 300억 그 이상으로 가는 데 꼭 필요한 한 가지가 있다. '브랜드'다. 절박함이 시작이라고 생각한다. 그대로 머물러 있으려고 하면 결국 정체되고 상승세가 꺾인다. 매출 하나만으로 100억 너머로 가기는 쉽지 않다.

제품은 수명 주기가 있어서 3~4년이 지나면 꺾이지만, 브랜드는 10년, 20년 그 이후의 세대로 이어지기도 한다. PLC Product Life Cycle(제품 수명 주기)를 넘어설 유일한 방법, 바로 브랜딩이다.

"비즈니스의 본질은 제품이고, 확장의 핵심은 브랜드다."

"누군가와 함께 성장해가는 과정을 만들고 싶어요.
'홀로' 성장이 아닌 '동반' 성장을요."
— 김민호 대표

"괴짜들을 하나로 모으는 힘,
그것이 그의 무기다."
— 초인

감성형 가전 브랜드와 러너들을 위한 브랜드로
리포지셔닝한 리브제(위)와 사운드본(아래)
(출처: @livjet_official, soundbone_official)

'맨파워'로 키워서
'멀티브랜드'로 확장하다

브랜드를 만드는 우리는 누굴까?

사업을 시작하고 브랜드를 키우는 많은 사람이 시작 단계에서 놓치는 부분이 있다. 브랜드를 만들어가는 사람에 관한 것이다. 시키는 대로 하면 되는 게 아니냐고? 제조와 판매는 가능할지도 모른다. 브랜딩은 그렇게만 해서는 잘되지 않는다. 함께 만드는 모두가 브랜드의 가치를 이해하고 동일하게 생각할 수 있어야 한다. 그래야만 MD가, 마케터가, 디자이너가, CS가 모두 한목소리로 브랜드의 접점을 만들어낼 수 있다.

혼자 제품을 잘 팔아서 30~50억 원까지 간 브랜드는 많다. 그 이상인 50~100억 원은 직원들의 역량이 더해져야 가능하다. 이를 맨파워 manpower 라고 부른다. 특정 분야에 숙련된 직원이라는 뜻이다. 앞서 소개한 플로우스는 맨파워를 '크루'라고 부른다. 크루는 사전적으로는 배에서 선원을 호칭하는 말로, 집단에서 구성원을 부를 때에도 사용한다. 플로우스에 합류한 크루들은 어떻게 성장할까?

비전과 보상의 동기부여

플로우스가 크루를 영입할 때 무언가를 얼마나 좋아했고 어디까지 파봤는지를 가장 중요하게 본다는 것은 앞에서 설명했다. 일례로 오피스 근무 경험이 전혀 없는 스키·보드 강사를 마케터로 영입한 이유가 계절스포츠의 베테랑은 계절가전도 잘 다룰 수 있으리라 생각했기 때문이었다. 하지만 이상과 현실은 다른 법, 실제로 이런 방식으로 합류한 크루들과 어떻게 일하는지 물어봤다.

내 질문에 김민호 대표는 자신이 좋아하지 않고, 쓰지도 않는 말이 '직원관리'라고 첫마디를 꺼냈다. '부하직원' 역시 마찬가지였다. 그는 모두를 '크루'라고 부르거나 이름을 호명하는데, 자신이 직원을 관리하는 사람이 아닌 직원의 일을 관리하는 사람이라고 생각하기 때문이다. 그 과정에서 진심으로, 진정성 있게 다가가는 것이 중요하다는 말도 덧붙였다. 마음은 그대로 전해지기 마련이고, 진심이 담긴 작은 차이로 결과물도 달라지기 때문이다.

플로우스는 '맞춤형 보상제도'를 운영한다. 3개월 단위로 목표를 설정해서 달성하면 개별로 보상하는 방식이다. 팀 평가와 개인평가로 나눠서 실적평가를 하고, 보상은 철저하게 개인 단위로 진행한다. 이유는 자신의 기록을 더 잘 들여다볼 수 있게 하기 위함이다. 팀 단위로 해야 협업이 잘되지 않냐고 생각할 수도 있지만, 경험해보니 개인 평가를 할 때 의견이 더 자유롭게 나왔다고 한다.

일을 할 때는 회사의 이익을 함께 나누는 구조가 필요하다. 비전도 물론 필요하지만, 최고의 동기부여는 결국 보상이었다. 비전과 보상, 두 가지를 모두 중요하게 전달하려면 섬세한 조율 과정이 필요하다. 크루들 역시 이에 동의해야만 함께할 수 있다.

또 하나 인상적이었던 부분이 있다. 김민호 대표는 전 구성원과 주기적으로 일대일 미팅을 진행한다. 사업자라면 공감하겠지만, 시간이 많이 드는 일에 신경을 쏟기가 부담스러울 수 있다. 주기는 3개월에 두 번씩. 거의 매일 적어도 1명과 대화하는 스케줄이다. 때로는 하루에 4~5명을 만나기도 했다. 그럼에도 이 방식을 고수하는 이유는 사람을 변화시키는 힘은 일대일에서 나온다고 생각하기 때문이다. 신규 입사자는 더 많은 집중이 필요하다. 새로 합류한 크루는 6개월간 가까이서 케어했고 그것이 그대로 좋은 결과로 이어졌다. 실제로 중소기업 신규 입사자의 26.5%가 1년 안에 퇴사하는데, 플로우스는 그 수치가 절반 이하다. 초반에 2명이나 연달아 퇴사한 것을 고려하면 엄청난 변화다.

브랜드 무기 TIP

우리 브랜드의 맨파워는 어떤가?

1. 호칭과 문화

함께 일하는 직원들을 호칭하는 무언가가 있는가? 혹은 내부에서 공유하는 특정 가치관이나 특유의 문화가 있는가? 있다면 그것을 뭐라고 부르는가? 브랜드를 함께 만들어가는 사람들의 맨파워를 우리만의 단어로 정의해보자.

2. 비전과 보상

비즈니스가 어디로 가야 하는지, 브랜드가 어디로 향하는지 함께 일하는 사람들과 비전을 공유했는가? 탁월한 성과를 냈을 때 충분한 보상을 받을 장치가 있는가?

(1) 바빠서 비전을 나누고 보상을 만들 시간이 없는가? 비전과 보상이 뚜렷하지 않은 회사를 직원들이 오래 다니고 싶어 할 리 없다. 서로에게 아쉬움만 클 뿐이다.

(2) 바쁜 시간을 내서 비전을 나누고, 작더라도 보상 시스템을 만든다면? 그래도 결국 언젠가 떠나간다. 그럼에도 성장 과정을 함께하고, 충분한 기여를 한 후일 것이다. 설령 떠났더라도 좋은 관계를 이어갈 수 있을 터다.

⇒ 둘 중 어떤 쪽을 선택할 것인가?

브랜드를 확장하기
가장 좋은 때

하나의 브랜드를 선보인 후 다음 브랜드로 언제 확장해야 할까? 답은 명확하다. 확장해야 할 이유와 방향성이 명확할 때다. 브랜드마다 기준이 다르기에 답도 다르다. 하나의 브랜드에 온전히 집중해서 성공을 노리는 게 맞을 때도 있고, 새로운 브랜드로의 확장이 옳을 때도 있다. 플로우스는 어땠을까?

플로우스는 온라인 판매에서 시작했다. 대표가 혼자 시작해서 13년 넘게 온라인 판매를 이어오면서 새로운 카테고리로 확장할 때에 관한 나름의 해답을 찾았다. 기존 이커머스에서는 하나의 브랜드가 잘되면 제품 종류Stock Keeping Unit; SKU(재고 관리 단위로 제품 유형 수를 의미한다)를 확 늘린다. 그러면 단기적으로는 매출이 늘지만 깊이감은 떨어질 수 있다. 기존 제품을 조금 다른 형태로 바꿨을 뿐, 새로운 유형의 제품이 아니기 때문이다.

예를 들어 한 온라인 판매 사이트에서 온풍기가 잘되었다고 치

지속적으로 매출을 올리는 성장의 무기들

자. 그러면 다른 타입의 온풍기를 개시한다. 당연한 수순으로 기존 온풍기와 새로운 온풍기 사이에서 충돌이 일어난다. 고객에게는 기존 제품과 새로운 제품 모두 같은 선택지 안에 놓이기 때문이다. 게다가 온풍기 같은 제품은 한 번에 하나씩만 사지 여러 개를 사는 일은 거의 없다.

반대로 하나의 카테고리에서 종류를 늘려야 유리한 곳도 있다. 식품, 뷰티, 의류는 충분히 확장이 가능하다. 식품은 주로 여러 제품을 한 번에 사고, 뷰티는 기초 제품에서 신뢰를 쌓으면 기능성 제품으로 구매가 이어진다. 정체성의 표현 수단으로서 의류는 한 번 꽂힌 브랜드의 제품을 계속 구매하는 경향이 크다. 기능성 가전, 계절 가전은 다르다. 제품의 주기도 길어서 추가 구매가 곧바로 이어지지 않는다. 그래서 고객의 구매 범주 안에서 제품끼리 싸우지 않으려면 새로운 카테고리로의 확장이 불가피하다.

새로운 영역에서 브랜드와 제품을 선보이는 초기에는 생존을 위해 판매에 집중해야 한다. 플로우스에서도 어느 정도 방향성을 잡고 제품을 선보인 후에는 바로 판매에 집중한다. 작은 브랜드는 팔리지 않으면 성공할 수 없다.

성장을 위한 전략이 있는가?

열심히 해도 성과가 나지 않는데, 어떻게 하면 좋은지 묻는 사람이 많다. 가슴 아픈 말을 하자면, 열심히만 한다고 브랜드가 잘되지는 않는다. 성장이 멈췄을 때 문제를 잘 들여다보면 (물론 원인은 복합적이겠지만) 많은 경우 비즈니스에 '전략'이 부족하다.

"전략이 계획 아닌가요? 우리는 항상 촘촘한 플랜을 짜놓습니다."

많은 기업과 브랜드에서 이 부분을 곧잘 놓친다. 전략은 단순히 계획이 아니다. 계획을 잘 짠다는 말이 전략적이라는 뜻은 아니다. 계획을 위한 계획은 계획과 실행이 따로 노는 부작용을 낳는다. 열심히 하는데 성과가 안 나오는 이유는 열심히만 하기 때문이다. 예산과 인력 낭비다.

그렇다면 전략이 도대체 무엇일까? 회사 생활을 하다 보면 많이 듣는 말인데 막상 설명하려니 쉽지 않다. 쉽게 설명하자면 우리가 어디에 있고 어디로 가야 하는지, 가진 자원을 어디에 어떻게 활용할지를 정하는 것이다. 결국 이게 핵심이다.

지금 우리 브랜드의 환경과 상황에서 다음 세 가지를 순서대로 떠올려보자.

브랜드 성장 전략의 핵심

1. 우리 브랜드는 지금 어디에 있을까?

: 지금 시장에서의 위치와 경쟁 상황

: 잘하고 있는 것 **VS** 잘못하고 있는 것

└ 현재 매출 포함

2. 우리 브랜드는 어디로 가고자 하는가?

: 지금 시장에서 가고자 하는 위치

: 앞으로 집중할 것(원하는 것) **VS** 앞으로 줄여갈 것(원하지 않는 것)

└ 매출 목표 포함

3. 앞으로 무엇을 해야 할까?

: 1에서 2로 가는 데 필요한 것

: 할 수 있는 것 **VS** 할 수 없는 것

전략은 1에서 2의 단계를 3의 방식으로 가는 것이다. 작은 브랜드에게 전략은 '넓히는' 과정이 아니라 '좁히는' 과정이라는 점을 유념하자. 작은 브랜드는 모든 곳에서 싸울 수 없다. 그러기엔 예산도, 시간도, 인력도 모두 부족하다. 전쟁으로 치면 대규모 부대와 싸우기 위해 적은 부대로 한곳부터 습격하면서 조금씩 영역을 넓혀가는 것이다.

이때 다음 두 가지를 생각해보아야 한다.

1. 어디에서 싸울까?

2. 어떻게 이길까?

특정 플랫폼, SNS, 지역, 제품. 싸울 판을 좁히고 그곳에서 이길 방법을 찾아보자. 이기는 방법보다 먼저 이기기 위한 판을 고르는 일이 우선이다.

전략이란 무엇인가?

무엇을 할지, 하지 않을지 우선순위를 정하고 방향성을 정하는 것
= What to do

전략 3단계 성장 TIP

1) 시작 단계 : 현재 브랜드 위치
2) 성장 단계 : 1단계에서 3단계로 가기 위해 거쳐야 하는 위치
3) 최종 단계 : 최종적으로 가고 싶은 브랜드 위치
⇒ 전략은 우리가 어디에 있는지, 어디로 갈 것인지 정하고 방법을 찾는 과정이다.

이기는 싸움을 하기 위해선 먼저 나, 우리부터 잘 알아야 한다. 브랜드는 현재 어떤 위치에 있는가? 브랜드가 가려고 하는 곳은 어디인가? 어떤 모습이 되고 싶은가? 이 질문으로 시작할 때 브랜드는 더 커질 수 있다.

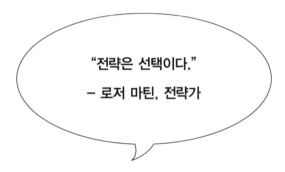

"전략은 선택이다."

– 로저 마틴, 전략가

* 초인 마케팅랩에서 이케아 전 CMO '서기석' 마케터와 함께한 커뮤니티 모임 '워스픽 살롱'의 이야기를 꺼내왔다.

비즈니스 성장을 위한 3단계 변신 모델

브랜드를 성장시키는 방법을 많이 궁금해할 듯하다. 간단하게 말하자면 브랜드의 성장 단계를 미리 그려보는 것이 답이다. 한치 눈앞도 보기 어려운데 어떻게 미래를 단계적으로 그려볼 수 있냐고? 브랜드는 한번 파는 데서 끝나지 않고 고객과 접점을 이어 나간다. 캐릭터도, 서비스도, 제품도 그렇다. 연속성이 중요하다 보니 구매자·구독자·방문객·유저의 참여를 점점 높여나가야 하는데, 이럴 때 단계별 확장이 필요하다.

단계별 확장 방법은 다음과 같다. 시작하고-확장하고-자리 잡는 3단계를 미리 구상한다. 요즘 인기가 뜨거운 최고심 캐릭터를 떠올려보자. 인스타그램에서 처음 시작한 최고심은 대충 그린 듯한 그림체로 유명세를 얻었다. 인스타그램뿐만 아니라 여러 SNS에 짤로 돌아다니면서 팬이 생겼고, 인기에 힘입어 굿즈가 만들어졌다. 편의점을 포함한 다양한 브랜드와의 콜라보로 브랜드 영역을 넓혔다. 나중에는 자체 팝업까지 선보이면서 인스타 계정에서 시작해서 하나의 IP Intellectual Property (지적 재산)로 자리 잡았다.

최고심이 인스타그램 계정에서 콜라보 브랜드로, 콜라보에서 자체 IP로 인기에 힘입어서 단계별 진화를 거듭한 것처럼, 브랜드를 기획할 때도 어떻게 초기 단계를 시작해서 다음으로 확장해갈지, 최종적으로 어떤 성장 단계를 밟을지를 미리 떠올리고 단계적으로 밟아나가면 브랜드를 실제로 성장시키는 데 도움이 된다. 우리 브랜드에 적용해보면 어떨까?

변하지 않는 것과 (비즈니스 가치)
변하는 것 (비즈니스 구조)

내 브랜드에 적용해보기

어떤 것부터 시작할지(1단계), 어떤 것으로 확장할지(2단계), 어떤 것으로 자리 잡을지(3단계)를 하나씩 그려보자. 단계가 나아갈수록 스케일은 커지고 범위는 넓어진다. 여기서 변하는 것과 변하지 않는 것을 구분하는 일을 놓쳐선 안 된다. 변하지 않는 것은 비즈니스의 본질적 가치이고(비전과 미션), 변하는 것은 비즈니스의 구조(유통과 고객)다. 실제로 이를 적용한 작은 브랜드의 사례를 살펴보자.

커피캡슐 S 브랜드의 실제 사례

호환형 커피캡슐을 파는 S 브랜드가 있다. 이 브랜드의 존재 이유는 두 가지다. 친환경 소재로 재활용할 수 있고, 어디든 호환이 가능하다는 점이다. 그런데 대형 유통 채널은 이미 가격 경쟁력을 가진 기존 커피캡슐이 꽉 잡은 탓에 단번에 시장점유율을 넓히기가 쉽지 않다. 무엇부터 할지 고민이 든다. 이럴 때 앞서 소개한 단계별 확장 모델을 적용해보자.

처음에는 선물 시장으로 가기로 한다. 예쁜 친환경 패키지와 어디든 호환 가능하다는 점을 차별화로 가져간다. 그런데 선물은 구매 간격이 길고, 패키지에 적지 않은 비용이 들어가니 매출과 마진율이 높지 않다. 선물 시장에서는 입소문을 내고 경험치를 쌓은 후 오프라인 영업 매장으로 확장하기로 한다.

자동차 대리점이나 병원, 회사는 커피머신을 많이 구비해둔다. 이런 곳에 납품하면 고정 매출을 확보하고, 다른 쪽으로 영역을 넓혀갈 수 있다. 이 과정에서 제품을 충분히 보완하고 생산량을 확보한 다음, 마트와 온라인몰 입점을 노린다. 최종적으로는 전국 점포를 커버하여 영역을 넓힐 수 있고 온·오프라인 동시 판매로 매출을 크게 높일 수 있다.

커피캡슐 S 브랜드의 사례처럼 단계별 과정을 하나씩 그리면 다음 단계에 어디로 나아가야 할지가 명확해진다. 여기서 변하지 않는 것은 '멀티 호환성 캡슐커피'라는 속성이고, 변하는 것은 '유통 채널과 고객군'이다. 해보면 어렵지 않다. 나의 브랜드는 어떻게 성장해갈지 3단계 확장 모델을 적어보자. 그 과정에서 변하지 않는 것과 변하는 것이 무엇인지까지 함께 생각해보자.

변하지 않는 것과 (멀티 호환성 캡슐커피)
변하는 것 (유통채널과 고객)

실제 스몰 브랜드의 사례

· · ·

이번 4부에서는 브랜드의 성장을 다뤄봤다. 어떻게 브랜드를 키울 수 있는지, 어떻게 확장해가야 하는지 이야기했다. 핵심은 브랜드만의 '문화'를 만들고, 그에 맞는 '사람'과 함께하는 것이다. 더 나아가 지금 어디에 있고 어디로 갈 것인지, 무엇에 집중할지 브랜드의 '전략'이 필요하다. 이를 위해 '변하는 것'과 '변하지 않는 것'을 정리하는 3단계 브랜드 확장 모델까지 꺼내봤다.

브랜드의 방향성이 잘 정리되면, 브랜드 고객경험을 단계적으로 설계하는 '브랜드 사용 설명서'가 필요한 시점이다. 오프라인 기반이든 온라인 브랜드든 마찬가지다. 이 과정을 지나고 나면 브랜드를 만드는 모든 사람이 같은 방향을 향해 나아갈 테고, 시간이 지나도 일관성 있는 고객경험을 만들어나갈 수 있다.

다음 5부에서 그 과정을 살펴볼 것이다. 산업별 브랜드 확장 팁과 브랜더가 가져야 할 마인드셋, 그리고 작은 브랜드의 트렌드까지 만나보자. 어느새 마지막 챕터다. 마지막 이야기까지 함께하면 원하는 것을 얻을 수 있으리라 믿는다.

5

모든 게 처음인 브랜드를 위한
문제해결의 무기들

: 현장의 최전선에서 얻은 질문과 해답

바로 지금, 브랜딩은
선택이 아닌 필수 전략

F&B, 커머스, 살롱만의 성공 비결

Q. 우리 업종은 좀 다릅니다. 저희만을 위한 팁은 없을까요? 바로 적용해볼 만한 게 뭐가 있을까요?

내가 지금까지 함께한 작은 브랜드를 정리해보니 F&B 산업군이 가장 많았다. 물건을 파는 브랜드의 판매 채널은 온라인이 대다수였다. 가장 많은 시간을 함께한 브랜드 중 하나는 헤어살롱 분야였다. F&B, 온라인 커머스, 헤어살롱(미용실)은 우리가 주위에서 가장 많이 보는 작은 브랜드이기도 하다. 이 책의 독자들도 이 분야에 속한 사람이 많을 거라고 생각한다.

앞서 4부까지 소개한 브랜더의 본질은 모두에게 동일하게 적용된다. 온라인, 오프라인, 외식업, 생활용품, 여가와 오락 등 엔터테인먼트 분야까지. 그런데 F&B, 온라인 커머스, 헤어살롱 카테고리는 포인트가 조금씩 달랐다. 이 세 분야에서 우리 브랜드에 특화된 비즈니스 적용 팁은 더 없는지 궁금할 사람들을 위해 곧바로 적용해 볼 수 있을 만한 브랜딩 무기들을 정리해보았다.

F&B, 매출을 올리는 무기들

카페와 음식점, 온라인 가공식품까지. 대한민국 작은 브랜드가 가장 많은 비중을 차지하는 카테고리다. 그만큼 경쟁은 치열하다. 그런데 사람이라면 누구나 먹고 마셔야 하기에, 가장 '기본'에서 브랜딩의 답을 찾기 좋은 영역이기도 하다. 특별한 곳에 답이 있다고 생각하고 찾아 나서기 전에, 이전에 가장 높은 가능성으로 성공해온 방법들을 적용해보기를 추천한다. 먹고 마시는 것에 있어서 '차별성'도 중요하지만, 그 안에 담긴 '보편성'을 놓쳐선 안 된다. 그런 의미에서 알아두면 좋을 기본 무기 네 가지는 아래와 같다.

1) 스타가 필요해 '시그니처 무기'

우리 매장에서 꼭 먹어야 할 단 하나의 메뉴는 무엇인가? 둘이 가거나 집에서 배달시킬 때 꼭 먹어야 하는 '국룰 조합'(실패하지 않는 최선의 조합을 의미하는 말)이 있는가? 고객이 취향껏 고르면 되는 일 아니냐고? 메뉴를 많이 준비했으니 괜찮다고? 그러면 스타가 탄생할 수 없다. 없다면 단 하나의 메뉴부터 만들어서 밀어보자.

고객은 생각보다 많은 것을 기억하지 못한다. 너무 많은 선택지가 주어지면 선택하지 못한다. 꼭 먹어야 할 하나의 메뉴를 더 많은 사람에게 노출하고 기억시켜야 한다. 새로운 곳을 탐색하기보다 기존에 가진 것들부터 바꿔보자. 네이버 플레이스 첫 이미지에, 바깥에 둔 X 배너(외부 설치형)에, 온라인 광고나 엘리베이터 광고에 단 하나의 시그니처 메뉴를 크게 담는다. 블로그의 대표 이미지에도, 글을 쓸 때 첫 이미지와 썸네일에도, 인스타그램 포스팅 고정 게시물에도 동일하게 한다. 브랜드를 처음 만나는 고객이 어딜 가든 하나의 스타를 만나도록, "거기에 가면 ○○ 있잖아. 그거부터 먹어야 해!"라는 말이 고객들 사이에 자동으로 나올 때까지 지속한다.

손님이 매장에 처음 오면 스타 메뉴만은 꼭 먹도록 유도한다. 스타 메뉴를 포함해 둘이 먹기 좋은 최강의 조합이 있다면 세트 메뉴를 만들면 좋다. 사이드메뉴와 음료를 더하고 할인 가격을 표기하는데, 이때 원래 가격을 할인 가격과 함께 표기하면 좋다. 크고 맛있어 보이는 음식 사진까지 넣으면 고객은 그 메뉴를 주문할 가능성이 크다. 메뉴 고르는 시간을 줄이면 회전율이 높아지고, 같은 메뉴가 많이 나가면 조리 시간이 줄어들고, 세트 메뉴로 시키면 객단가가 높아진다. 좋은 이유가 많다.

누구나 다 그렇게 하지 않냐고 물을 수도 있지만, 시그니처 메뉴를 전면에 드러내지 않고 다른 메뉴들 사이에 잘 보이지 않게 끼워 넣는 경우가 생각보다 많다. 단 하나의 스타부터 먼저 탄생시켜야 한다. 그렇게 탄생한 스타 메뉴는 브랜드를 스타로 만들어준다. 꼭 하지 말아야 할 이유가 없다면 시그니처를 무기로 만드는 것부터 시작해보자.

2) 너 이름이 뭐니? '네이밍 무기'

두 번째는 그곳만의 독특한 이름짓기를 활용하는 것이다. 매장 이름은 단순하지만 다르게, 입에 붙게 지어야 한다. 발음하기 어렵거나 기억에 잘 남지 않는다면 좋은 네이밍이 아니다.

메뉴 이름을 다른 곳과 다르게 짓는 것도 중요한 포인트다. 그냥 '부대찌개' '삼겹살' '불고기'라고 하지 말고 앞에 '○○ 부대찌개' 같은 단어를 붙여보자. 의외성을 주는 낯선 단어도 좋다. 고객에게 재미를 줄 수 있고, 왜 이런 이름인지 물어보는 손님이 있다면 친밀도를 쌓을 수도 있다. 인스타그램이나 블로그에 올리거나 입소문을 내는 데도 유리하다. 정해진 규칙은 없다. 주인이나 직원이 좋아하는 무언가를 붙여도 좋고, 지역과의 관련성을 강조해도 좋고, 개인적인 스토리를 가미해도 좋다.

같은 음식이라도 우리만의 특색을 담은 메뉴는 브랜드를 특별하게 만들어주는 역할을 한다. 네이밍을 마쳤다면 메뉴판에만 숨겨두지 말고 입구에, 가게 벽에 붙여둔다. 여러 손님 가운데 한 명의 눈에만 들어도 추가 주문으로 이어지고 객단가가 높아진다. 큰 브랜드, 프랜차이즈는 그렇게 하지 못한다. 이름부터 부착물까지 가이드라인이 있기 때문이다. 작은 브랜드라서 누릴 수 있는 기회를 마음껏 활용해보자.

3) 말하지 않아도 알아요? '철학의 무기'

제품으로 고객을 만나는 커머스나 디자이너 한 명을 중심으로 고객경험이 생성되는 헤어살롱과 다르게 F&B에서는 다양한 직원이 고객을 만난다. 지명제가 아니기에 고객이 어느 직원을 만날지도 모른다. 이런 조건에서 직원과 불편한 일이 생기면 부정적인 브랜드 경험이 쌓이고, 고객이 다시 찾지 않거나 안 좋은 의견을 남길 수도 있다. 불편을 느낀 고객이 가게 바로 옆 회사나 관공서, 학교 직원이라면 소문이 빠를 테니 더더욱 안 좋다.

직원교육이라는 말을 많이 들어봤을 것이다. 가게의 가이드라인과 서비스의 중요성을 실제 업무에 반영하도록 하는 교육이다. 직원교육만큼 브랜더의 '철학'을 공유하는 일도 중요하다. 장사에 대한 사장의 마인드, 사장이 생각하는 일의 방식과 고객의 의미까지 고스란히 새겨져야 한다. 철학에서 중요한 것은 '결과'가 아니라 '과정', '수치'보다는 '의미'다. '이런 결과를 만들어야 해'보다 '우리는 이렇게 해야 해', '이런 숫자를 만들어내야 해'보다 '이런 가치를 만들어야 해'라고 우리만의 방식과 가치, 철학을 단어나 문장에 담아서 끊임없이 전해야 한다. 결과와 수치는 이에 따라온다.

브랜더의 철학을 진정성 있게 전하는 시간을, 더 나아가 브랜드에 관한 직원들의 생각을 들어보는 시간을 마련해보자. 말하지 않으면 모른다. 말로 꺼내서 이야기하는 만큼 모두가 브랜드를 더 심도 있게 이해할 것이다. 브랜드가 마음에 새겨지면 직원도 사장처럼 생각하고 행동한다. 그것이 내가 생각하는 브랜더의 철학이다.

4) 전 국민 5000만의 연결고리 '채널의 무기'

F&B 업종에 가장 잘 맞는 채널을 하나 추천할까 한다. 이미 쓰고 있는 사람이 있을 것이다. 카카오톡 플러스친구(줄여서 '플친')이다. 보통 F&B에서는 인스타그램이나 네이버 플레이스를 많이 활용한다. 인스타그램은 잠재고객을 확보해서 오게 하기 좋은 채널이고 네이버 플레이스는 검색해서 바로 오기 좋은 채널이다. 카카오톡 플친은 이미 다녀간 사람이 다시 찾게 하기 좋은 채널이다. 카카오톡은 스마트폰 사용자 95%가 이용하는 앱이기도 하다. 인스타그램은 계정을 구독해도 게시물을 보지 못할 가능성이 높다. 구독하고 있는 수많은 계정 사이에 묻힐 테니 말이다.

카카오톡 플친은 다이렉트로 메시지를 보낼 수 있고, 팔로워가 100~1,000명 사이라면 돈이 많이 들지 않는다(건수, 발송 횟수마다 다르지만 돈이 거의 들지 않을 때도 있고 많이 써도 월 10만 원을 넘지 않는다). 10만~50만 규모의 채널이라면 그만큼 비용이 많이 들지만, 아직 작은 브랜드에는 크게 문제되지 않는다. 오히려 작은 채널이 비용 효율성 측면에서는 유리하다.

메시지에 어떤 이야기를 담느냐고? 신메뉴 소식, 프로모션 이야기다. 반응도가 높은 건 쿠폰이다. 다만 1,000~2,000원, 음료 쿠폰은 큰 유인이 되지 않는다. 과감하게 먹음직스러운 사이드메뉴 하나 정도는 걸어보자. 이때 기간을 짧게 설정하면 좋다. 재방문 주기 간격을 줄일 수 있기 때문이다. 사이드메뉴 정도면 고객도 충분한 가치를 느끼고 다시 방문할 가능성이 높다. 공급하는 입장에서도 판매가가 아닌 원가로 계산하면 마케팅비로 사용하기에 충분히 합리적인 금액이 나온다. 특정 기간에 이용하지 못한 사람이 다음에라도 기회를 노릴 수 있도록 정기적으로 실행해보자.

문구를 쓸 때는 딱딱하게 광고처럼 하지 말고, 지인에게 카톡을 보내는 듯한 친근한 말투가 좋다. 그래야 호감도와 반응도가 커지고 기억되기도 쉽다.

실제로 이게 먹히냐고? 다운타우너에서 마케팅하던 당시 팀에서 플친을 활용하곤 했다. 비가 오는 날이면 사이드메뉴를 무료로 뿌렸다. 오프라인 매장의 경우 비가 오면 방문 손님이 30% 이상 줄기 때문이다. 쿠폰 메시지를 보내자 다른 비 왔던 날보다 방문율이 20% 넘게 높아졌다. 매일 근처에서 점심을 먹는 사람이라면 메시지로 브랜드를 다시금 인지하고, 쿠폰까지 받았으니 기분 좋게 매장을 찾는다. 플친은 잘 활용하면 비즈니스에 요긴한 무기가 된다. 일단 구독했다면 이미 기존 고객이거나 앞으로 찾고자 하는 잠재적 고객이라는 뜻이니 말이다.

커머스, 찐팬을 만드는 무기들

온라인 판매자들이 공통으로 하는 이야기가 있다. 단기적으로 온라인에서 제품은 잘 팔고 있다는 것, 장기적으로 브랜딩을 넓힐 필요성을 느낀다는 것. 그런데 막상 브랜딩을 해도 당장 매출로 전환되지 않아서 선뜻 지속하지 못했다는 이야기다. 비슷한 고민을 하는 사람이 많을 테니, 커머스의 무기 세 가지를 꺼내오려고 한다.

1) 온라인 × 오프라인 = 360도 무기

온라인 강자인가? 잘 팔리는가? 그렇다면 이제 브랜드의 광고판이자 브랜드를 경험할 수 있는 공간으로 오프라인을 활용해보자. 매장, 팝업스토어, 샵인샵shop in shop (특정 매장 안 일정 공간이나 부스에 입점한 형태) 여러 가지가 있다. 매출이 두 배로 늘어나냐고? 온라인 기반의 브랜드는 오프라인 운영의 목적이 다르다.

오프라인 어딜 가더라도 온라인보다 마진은 줄어든다. 고정비용도 나간다. 그런데 오프라인을 왜 고려해야 하냐고? 그 앞을 지나다니는 사람에게는 광고판의 역할(쇼윈도)을, 들러서 구경하는 사람에게는 브랜드 경험을 제공하는(체험존) 역할을 하기 때문이다. 이들이 SNS에 올리면 주위 지인들에게도 노출된다. 브랜드를 접한 사람들은 그 경험을 바탕으로 언젠가 우리 제품을 구매할지도 모른다. 이렇듯 오프라인은 미래의 잠재고객을 만드는 과정이다.

비용이 많이 들지 않냐고? 단박에 대로에 100평짜리 공간을 오픈할 필요는 없다. 오히려 작은 규모로, 짧은 시간 동안 오프라인을 재차 운영해보면서 경험치를 쌓는 편이 좋다. 고객들의 반응을 살피고, 이를 반영하면서 확장해갈 때 성공 가능성은 더 커진다. 오프라인을 시작했다면 온라인 담당 직원들까지 모두 현장에 내보내자. 얼굴을 맞대고 고객을 만나는 경험, 공간에서 브랜드를 만드는 경험이 브랜더의 DNA로 새겨질 것이다.

오프라인 공간을 다녀간 고객에게는 인스타그램 구독이나 스마트스토어 알림 신청 등 추가 행동을 요청하면 좋다. 단발성 만남으로 끝나지 않고 온라인에서 다시 만날 수 있도록 고객에게 혜택을 전한다. 온라인에서 불특정 다수에게 뿌릴 때보다 더 높은 가능성으로 우리 브랜드를 찾을 것이다.

2) 퍼포먼스 + 브랜딩 = 찐팬의 무기

우리 회사의 퍼포먼스 광고는 어떤가? 퍼포먼스 광고는 많은 온라인 셀러의 무기다. 그런데 그것만으로 충분하지 않다. 만약 제품 가격을 하루아침에 10%를 올린다면 어떻게 될까? 경쟁사가 유사제품을 갑자기 20% 할인한다면? 판매가 순조롭던 입점 사이트에서 유사한 자체상품을 선보여서 원 플러스 원을 한다면? 그래도 기존 고객이 우리 제품을 살까? 아니라면 그들은 소비자이지 팬이 아니다. 가격을 올려도 경쟁자가 아닌 우리 브랜드를 찾아줄 팬이 있는가?

명확하게 답하지 못한다면, 브랜딩과 콘텐츠 마케팅을 시작해야 할 때다. 당장은 부담스럽다면 광고비의 10%, 아니 5%라도 브랜드의 이야기를 전하는 데 활용해보자. 당장 매출로 돌아오지 않더라도 기다려야 한다. 새로운 고객이 생기고, 고객이 팬이 되어가는 중일 테니. 브랜딩과 콘텐츠 마케팅으로 하나둘 팬을 만들면 가격이 변해도, 경쟁사가 할인을 해도 계속 우리를 찾아주는 찐팬이 모인다.

3) 브랜드의 내 집 마련 = 자사몰의 무기

나의 브랜드는 어디서 매출이 가장 많이 나오는가? 쿠팡? 네이버 스마트스토어? 그 채널에서 매출 비중도 높고 성장세도 빠르다면, 이익률을 생각해보자. 수수료를 포함한 전반적인 비용까지 고려하면 생각보다 남는 게 적지 않던가? 혹시 자사몰은 있다면 잘 활용하고 있는가? 아직 때가 아니라고? 그렇다면 자사몰을 언제부터 운영하면 좋을지 그 '때'를 미리 그려보자.

어느 정도에 도달해야 본격적으로 자사몰을 시작하기에 적합할까? 이미 있다면 언제부터 키워보면 적당할까? 두 질문을 길잡이 삼아 구체적으로 계획하고 세팅해보자. 본격적으로 시작한다면 자사몰을 어떻게 활용할 예정인지도 미리부터 그려보자. 자사몰은 온라인 브랜드의 '내 집'과 같다. 이익률도 높고 고객 데이터도 자세히 수집할 수 있고, 무엇보다 고객의 브랜딩 경험을 원하는 대로 만들 수 있다는 장점이 있다. 브랜딩을 고려하는 많은 커머스 브랜드가 필수로 자사몰에 많은 공수를 들이는 이유다.

미리 플랜을 그려놓고 준비하자. 막상 때가 돼서 시작하려 해도 기획과 준비 과정에 오랜 시간이 걸려서 타이밍을 놓칠 수도 있다. 커머스가 큰 브랜드로 나아가려면 자사몰은 필수다. 물론 지금 운영하는 입점 채널을 바로 내려놓으라는 말은 아니다. 가능하다면 자사몰과 외부 채널 투 트랙으로 균형감 있게 나아가는 편이 가장 좋다.

살롱, 매력을 어필하는 무기들

전국에서 오프라인 매장이 가장 많은 분야는 어디일까? 카페? 치킨집? 놀랍게도 헤어살롱이 11만 개로 1위다. 돌이켜보면 대도시 한복판, 주택가, 신도시, 시골 어딜 가도 헤어살롱이 있다. 누구나 머리를 잘라야 하니 생각해보면 당연하다. 그런데 미국보다 대한민국 인당 점포 수가 10배 이상 높고, 서울·경기권에 40%가 집중되어 있다. 그만큼 경쟁이 치열한 카테고리이고, 브랜딩과 차별화를 고민할 수밖에 없다. 나도 이 산업군에서 지속적으로 자문과 교육을 하고 있다. 아래는 그중 기억하면 좋을 무기 세 가지를 정리해본 것이다.

1) 단 하나의 스타일 '시그니처 무기'

두 곳의 헤어살롱이 있다. 이것도 저것도 요것도 다 한다는 헤어살롱과 손상모 펌, 탈색을 전문으로 하는 헤어살롱이다. 내 머리가 손상되었거나 탈색을 할 예정이라면 어디로 갈까? 주위에서 물어보면 어디를 추천하겠는가? 나라면 후자를 고르겠다.

살롱 브랜드를 떠올렸을 때, 혹은 그곳의 디자이너를 떠올렸을 때 가장 대표적인 시그니처 헤어컷이 있어야 한다. 이미 있다면 고객과 만나는 모든 곳에 그 사실을 노출해야 한다. 인스타그램 프로필에서 직관적으로 첫눈에 볼 수 있도록 첫 고정 포스팅으로 올라가 있는지, 네이버 플레이스를 들어가거나 네이버에 검색했을 때 대표 헤어컷이 바로 뜨는지 점검해보자. 어딘가에서 빠졌을 가능성이 높다. 하나만 노출되면 매출도 줄어들까 봐 채널마다 다양한 스타일을 모두 노출한다면, 단 하나의 헤어컷도 기억되기 어렵다.

한식이 먹고 싶을 때 한식도 잘하고 양식도 잘하고 중식도 잘한다는 집을 가겠는가, 아니면 한식 한 우물만 판다는 집을 가겠는가? 음식처럼 헤어컷도 대표 메뉴를 찾아서 꺼내야 한다. 어떤 음식점을 떠올렸을 때 특정 메뉴가 곧바로 연상되는 것처럼 살롱도 우리만의 스타일이 필요하다.

2) 매력을 파는 콘텐츠 '릴스의 무기'

인스타그램, 그중에서도 '릴스'를 활용하면 좋다. 살롱 계정이나 디자이너 개인 계정 모두 릴스로 신규 고객을 모을 수 있다. 헤어와 관련된 콘텐츠뿐 아니라 디자이너 개인의 스토리를 꺼내보자. 개인의 매력을 보여주어도 좋고 나만의 노하우와 스타일을 보여주어도 좋다. 하나둘 팬이 생기고, 그들이 살롱을 찾아줄 것이다. 그들은 앞으로도 계속 찾아주고 주위에 소문을 내주는 팬으로 자라난다. 살롱은 팬과 관계를 맺기 좋은 비즈니스다. 사람과 직접 만나서 매력을 어필할 수 있기 때문이다. 그러니 디자이너의 매력이 중요하다. 매력적인 사람에게 더 많은 사람이 온다.

3) 살아 있는 브랜드 '디자이너 무기'

헤어살롱만의 특성이 있다. 결국 머리를 자르는 디자이너는 한 명이다. 디자이너 여러 명이 번갈아서 머리를 만지지는 않는다. 그래서 살롱의 브랜드 이상으로 디자이너마다의 개별 브랜드가 중요하다. 그만큼 직원의 SNS 중요도가 높다. 그런데 디자이너가 제각각 개별 SNS를 운영하는 경우가 많다. 디자이너의 SNS도 살롱의 브랜드와 메시지를 맞추고, 디자이너들끼리도 같은 브랜딩 요소로 연결될 수 있게 꾸려보자.

참고하기 좋은 계정으로 헤어살롱 '어낵A_KNACK'을 추천한다. 살롱과 디자이너들의 인스타그램 계정, 네이버 플레이스의 프로필까지 추구하는 형태가 일정하다. 특유의 블랙 톤을 기반으로 각 디자이너의 개별 시그니처 스타일과 후기까지 잘 브랜딩되어 있다. 이런 방식이면 디자이너가 바뀌어도 살롱 브랜드는 계속 일관된 방향을 향한다.

고객이 자발적으로 움직이게 하는 CTA와 MOT

Q. 광고도 홍보도 열심히 하는데 결과로 이어지지 않아요. 노출도 확인되고 좋아요도 생기는데 매출로 연결되지 않습니다. 어떻게 하면 좋을까요?

마케팅 소재를 비즈니스로 연결하려면 두 가지가 필요하다. '메시지'와 '행동 유도'다. 브랜드의 메시지를 고객에게 인지시키고, 궁극적으로는 구매나 방문 등 행동으로 이어지도록 해야 한다. 그러려면 행동유도가 필수다. 3부에서 채널별 미디어 전략을 설명하면서 잠깐 언급했듯이, 행동유도를 콜투액션이라고도 한다(이하 CTA). 쉽게 말해 고객에게 어떤 행동을 유도할지를 메시지에 담아내는 것이다.

CTA로 고객 참여 유도하기

일상에서 많이 쓰이는 CTA로는 어떤 게 있을까?

- 가게 - 0월 0일에 첫 오픈!

  의도 : 오픈 전 방문 유도

- 자사몰 - 00~00 기간 동안 최대 00% 할인!

  의도 : 기획전 구매 유도

- 제품 - 첫 구매 시, 00 혜택 제공

  의도 : 첫 사용 유도

평소에 자주 접했을 위와 같은 메시지는 브랜드의 의도를 담은 CTA로 고객에게 구체적 행동을 유도한다. CTA는 단계에 따라 적절한 시점에 계속 바꿔줘야 한다.

- 가게

  오픈 전 〉 오픈 후 : 주력 상품 혹은 운영 시간

- 자사몰

  기획전 기간 〉 상시 기간 : 제휴 할인 혹은 00원 이상 구매

- 제품

  구매 〉 사용 후 : 구매 후기를 남기면 00 쿠폰 증정

모든 게 처음인 브랜드를 위한 문제해결의 무기들

오프라인 부착물이나 온라인 광고에 기간이 지난 이벤트가 여전히 노출되거나, 이미 오픈했는데 오픈 전 메시지가 나온다면 그 메시지와 행동 유도는 효과가 없다.

같은 시점이라도 소재마다 CTA가 달라지기도 한다. 예를 들어보자.

- 이벤트 페이지 : 이벤트 퀴즈의 정답을 남겨주세요!
- 광고 소재 : 검색창에 00을(를) 검색해보세요.
- SNS 포스팅 : @친구를 소환하여 기대평을 남겨주세요!
- 인증 이벤트 : 메뉴를 #해시태그와 함께 올려주세요. 혹은 영수증 리뷰를 남겨주세요.

이렇듯 CTA는 단계에 따라, 소재에 따라 달라진다. 다음 세 가지를 꼭 기억하자.

1. CTA 없는 마케팅 메시지는 내용 없는 표지판이다.
2. CTA는 최대한 단순하고 쉽게 담아야 한다.
3. CTA에 소비자 밸류value(소비자가 특정 제품이나 서비스에 주관적으로 느끼는 가치)는 꼭 포함되어야 한다. 혜택을 제공하거나, 즐거움을 주거나.

고객이 브랜드를 보고 그냥 지나가지 않도록 참여시키는 것, 그것이 CTA가 필요한 이유다. 기껏 열심히 노출했는데 브랜드와 고객의 만남이 이어지지 않는다면 비즈니스는 커지지 않는다. 나의 브랜드는 고객에게 메시지를 전하면서 어떤 행동을 유도하는가?

MOT로 브랜드 사용 설명서 만들기

Q. 고객의 브랜드 경험을 만드는 게 어렵습니다. 쉽게 만들 수 있는 가이드라인 같은 게 있을까요?

CTA를 만들어서 고객 행동을 유도하는 것과 함께 무엇을 해야 할까? 바로 고객 여정 만들기다. 온라인과 오프라인에 걸쳐 고객의 브랜드 경험을 단계적으로 나누어 구조화하는 과정이다. 빠진 경험이 없는지, 어디를 보완해야 할지 확인하고 더 나은 경험을 설계하는 단계다.

실제로 고객과 브랜드가 만나는 경험을 펼쳐보자. 이때 알아야 하는 한 가지 개념이 고객 접점 Moment Of Truth; MOT 이다. 직역하면 '진실의 순간'이라는 뜻인데, 비즈니스에서 판매자가 고객과 상호작용을 시작하는 결정적인 순간을 의미한다. 글로벌 항공 브랜드 스칸디나비아 Scandinavian Airlines 가 2년 동안 3000만 달러 적자가 누적되며

경영이 어려워졌던 적이 있다. 이때 스칸디나비아는 고객이 공항에서 브랜드를 만나는 첫 15초의 MOT를 개선했다. 매출은 7,100만 달러 흑자로 전환되었고, 스칸디나비아는 위기를 극복하고 손꼽히는 글로벌 항공사로 거듭났다. 이를 우리 브랜드에 적용해보자.

1) 실물 제품 : 고객과 제품의 MOT

실물 제품, 오프라인 브랜드, 온라인 브랜드로 카테고리를 나누어보았다. 아래 질문에 따라 카테고리별로 브랜드 경험의 순간을 떠올려보고, 고객 관점에서 우리 브랜드의 경험을 적어보자.

1. 고객이 제품을 바라보는 순간 어떤 생각이 들까?

_____

2. 제품을 구매하고 사용하는 순간 어떤 느낌이 들까?

_____

3. 고객이 지인에게 제품에 관해 이야기할 때 어떤 말을 할까?

_____

4. 고객이 제품을 검색하는 순간 Zero Moment Of Truth; ZMOT 어떤 경험을 할까?

_____

2) 오프라인 브랜드 : 고객과 공간의 MOT

1. 고객이 문밖에 선 순간 어떤 느낌이 들까? (외관, 비치는 내부)

_____

2. 문을 열고 들어오는 순간 어떤 인상을 받을까? (첫 뷰, 음악, 의상)

_____

3. 상품과 서비스를 탐색하는 순간 무엇이 눈에 띌까? (메뉴, 매장)

_____

4. 질문하고 구매하는 순간 무슨 생각을 할까? (직원, 안내)

_____

5. 자리에 앉았을 때 어떤 감상이 들까? (좌석, 자리 뷰)

_____

6. 매장에서 시간을 보내며 어떤 경험을 할까? (매장, 화장실, 동선)

_____

7. 가게를 떠나는 순간 어떤 기억을 남길까? (기억의 감정, 마지막 순간)

_____

　어떤가? 우리 브랜드가 고객을 만나는 순간이 잘 그려지는가? 혹시 부족한 부분이 없진 않은가? 각 순간을 어떻게 개선할 수 있을지, 더할 만한 경험이 있는지 고민하고 바꾸어보자. 생각에서 그치지 말고 실제로 적용해보자. 다음은 그 예시다.

1. 한번 보고 지나치는 고객이 많다.

   ⇒ 밖에서는 한번 들어가보고 싶게, 안이 궁금하게 만든다.

2. 들어오고 나가버리는 사람이 많다.

   ⇒ 매장은 첫인상이 중요하다. 문을 열고 들어갔을 때 첫 뷰가

   궁금할 만하게, 머물고 싶게 만든다.

3. 첫 주문을 고르기까지 안내하는 시간이 오래 걸린다.

   ⇒ 고객이 메뉴를 읽는 데 평균 1분 40초가 걸린다고 한다.

   보자마자 곧바로 대표 메뉴가 눈에 띄게 메뉴판을 바꾼다.

작은 개선 하나하나가 고객에게 더 나은 브랜드 경험을 만들어 준다. 우리 브랜드는 오프라인이 아닌 온라인인데 어떻게 하냐고? 다음의 질문을 같은 방식으로 고객 관점에서 답해보자.

3) 온라인 브랜드 : 웹과 공간의 MOT

1. 고객이 검색했을 때 어떤 인상을 받을까?

_____

2. 사이트에 왔을 때 처음 보는 것은 무엇인가?

_____

3. 사이트를 둘러보고 나서 어떤 생각을 할까?

_____

4. 사이트를 보고 난 후 어디를 살펴볼까?

———————————————————————————————

5. 사이트에서 구매하면서 어떤 느낌을 받을까?

———————————————————————————————

6. 구매 후 제품을 경험하고 나서 어떤 행동을 할까?

———————————————————————————————

　어떤가? 이렇게 세부적으로 고객 경험을 잘게 쪼개서 들여다본 적이 있는가? 없다면 이번 기회에 정리의 시간을 가져보길 바란다. 여기서 핵심은 고객 입장에서 그려보는 것이다. 브랜드를 잘 모르고 경험해보지 않은 고객이 브랜드를 만나고, 경험하고, 다음 단계로 나아가는 과정을 구체적으로 관찰하고 적어본다면 뾰족하고 디테일한 고객경험을 만들 수 있다. 그렇게 만든 고객경험은 우리 브랜드가 나아가는 길에 남다른 무기가 되어줄 것이다.

　고객이 브랜드를 경험하는 첫 15초가 브랜드 이미지를 결정한다는 것을 기억하자.

트렌드에는 민감하게,
마음가짐은 단단하게

작은 브랜드 다가올 트렌드 4

Q. 마케팅이나 브랜드의 향후 전망은 어떤가요?

작은 브랜드의 존재감은 점점 더 커지는 중이다. 그 안에서 여러 변화가 생기고 있다. 지금 시대에 알아두면 좋을 작은 브랜드의 트렌드로는 어떤 것들이 있을까?

1) 상품에서 브랜드로

먼저 상품에서 브랜드로 트렌드가 바뀌고 있다. 과거에는 필요한 물건을 가장 싸게 살 수 있는 곳, 먹고 싶은 음식을 가까이에서 먹을 수 있는 곳을 찾는 사람이 많았다. 이전에는 상품의 시대였다면 이제는 브랜드의 시대다. 이를테면 다음 페이지의 예시를 한번 살펴보자.

모든 게 처음인 브랜드를 위한 문제해결의 무기들

"사진 찍으러 갈래?" (vs) "인생네컷 찍으러 갈래?"

"삼겹살 먹으러 갈래?" (vs) "금돼지식당 갈래?"

"빵 먹으러 갈래?" (vs) "코끼리베이글 갈래?"

이제는 전자와 같이 말하지 않고, 후자처럼 제품의 카테고리를 브랜드로 지칭한다. 핸드크림부터 다이어리, 디퓨저까지 일상의 모든 카테고리가 브랜드화되었다. 바야흐로 브랜드 호명 사회다.

2) 대로에서 골목으로

예전에는 오프라인에서 영업할 때 이런 말을 하곤 했다. 가장 중요한 세 가지가 있다고. 로케이션, 로케이션 그리고 로케이션. 눈에 잘 띄고 접근성 좋은 위치가 중요했다면 지금은 다르다. 사람들이 대로가 아닌 골목에 있는 곳들을 찾기 시작한 것이다. 골목에 위치한 낡고 오래된 가게들이 멀리서도 찾아가고 싶은 힙한 브랜드로 거듭났다. 특히 SNS나 블로그에서는 대로에 크게 위치한 가게보다 오히려 각 동네의 느낌을 고스란히 담은 골목 가게들이 더 많이 보인다. 송리단길에 이어 용리단길, 힙지로, 성수까지 요즘 핫하다는 동네 상권은 전부 골목을 기반으로 떴다.

이렇게 생각해보면 어떨까? 생일선물로 케이크를 받았는데 동네 어디에나 있는 프랜차이즈의 케이크를 받았을 때와 특정 지역에서 가장 유명한 작은 가게의 케이크를 받았을 때, 어느 쪽이 더 특별한 기억으로 남는지. 이제 매력 있는 브랜드라면 구석 어디에 있든 찾아간다.

3) 셀러가 브랜드로

'마뗑킴'이라는 브랜드를 아는가? 연간 매출이 1000억 원이 넘는 지금 시대 가장 뜨는 패션 브랜드다. 불과 5년 만이었다. 이 브랜드는 어디서 시작되었을까? 마뗑킴의 김다인 대표는 15만이 넘는 팔로워를 가진 SNS 인플루언서이기도 하다. 많은 사람이 김 대표가 만드는 다음 브랜드를 주목하고 있다.

'카멜커피'를 아는가? 명품 브랜드와 콜라보를 하고 미국 로스앤젤레스까지 진출한 커피계의 핫한 브랜드이다. 이 브랜드를 만든 박강현 대표 역시 SNS에서 인기 많은 인플루언서다. 그곳에서 팬들과 소통하면서 자연스럽게 브랜드에도 호감을 갖도록 이끈다.

예전에는 한 브랜드가 인기를 얻으면 브랜드 자체에만 주목했다. 이제는 브랜드를 만든 사람이 누구인지 주목한다. 흑백요리사 이후에는 셰프의 팬이 되고 그들이 운영하는 식당을 찾는 사람이 더 많아졌다. 브랜드를 만드는 사람이 하나의 브랜드가 되고 그가 만드는 브랜드와 좋은 시너지를 내면서 함께 성장하는 시대다.

4) 소비자에서 팬으로

브랜드를 찾는 소비자를 넘어 브랜드의 팬이 생겨나기 시작했다. 밍

숭맹숭하게 생긴 캐릭터를 보기 위해 백화점 팝업에 한 시간 넘게 줄을 서기도 하고, 갓 구운 베이글을 먹기 위해 오픈런을 하기도 한다. 좋아하는 브랜드를 찾아 자발적으로 콘텐츠를 만들기도 하고, 심지어 해외 먼 곳에서 브랜드를 찾아오기도 한다. 명품 패션 브랜드나 대기업 브랜드 얘기가 아니다. 모두 골목 브랜드, SNS에서 유명해진 캐릭터 브랜드 이야기다. 작은 브랜드도 팬덤이 생기는 시대가 되었다.

. . .

여기까지 작은 브랜드의 트렌드 네 가지를 살펴봤다. 이제는 브랜드로 불려야 살아남을 수 있다. 골목에 있어도 찾아올 만한 가치를 만들어야 하고, 그걸 만드는 나부터가 하나의 브랜드가 되어야 한다. 팬이 생기고, 그 수가 점점 늘어나는 비결이다.

작은 브랜드 트렌드 4

1. **상품에서 브랜드로** : 단 하나의 브랜드로 기억될 것
2. **대로에서 골목으로** : 우리만의 차별화로 찾아오게 할 것
3. **셀러가 브랜드로** : 만드는 사람도 하나의 브랜드가 될 것
4. **소비자에서 팬으로** : 고객과 관계를 만들어서 지속할 것

흔들리는 마음을 다잡는 다섯 가지 방법

Q. 매출은 계속 멈춰 있고, 고객은 줄고…… 마음먹은 대로 되는 것 하나 없네요. 뭐부터 어떻게 하면 좋을까요?

한번은 어느 지역의 대형 카페 대표가 찾았다. 4,000평이 넘는 초대형 공간에 사람도 많이 찾지만, 그곳도 나름의 고민이 있었다. 비슷한 시기에 스몰 브랜드 프로그램을 운영하면서 펫, 케이크, 꽃, 커피 원두 등 10개가 넘는 브랜드와 스토리텔링과 브랜딩, 콘텐츠를 고민하면서 느낀 점이 있다.

다양한 산업군의 크고 작은 브랜드와 성장을 탐색하고 만들어가면서 여러 분야에 적용할 수 있는 공통 원칙을 발견했다. 그중 가장 중요한 다섯 가지를 정리하였다. 새로 브랜드를 시작하거나 성장을 만들어가려는 브랜더가 미래의 무기로 삼을 수 있을 것이다.

모든 게 처음인 브랜드를 위한 문제해결의 무기들

1) 불편에 예민해져야 한다

"뭐 그렇게 예민해?"

우리는 모난 곳 없이 둥글둥글한 사람에게 성격 좋다고 말하곤 한다. 예민한 사람은 주위 사람들에게 때로 조금 힘겨울 수 있다. 그런데 내 브랜드와 비즈니스에 있어서는 어떨까? 브랜드를 이끄는 사람은 둥글둥글해선 안 된다. 높은 예민도를 가져야 한다. 브랜더에게 높은 예민도는 작은 불편함, 작은 디테일의 차이를 포착하는 예리한 더듬이와 같다. 작은 발견이 작은 변화를 만들고, 사소한 변화가 반복되고 누적되면 큰 차이와 큰 결과로 이어진다. 매사 모든 일에 예민해질 필요는 없지만 내 브랜드에 있어서는 더 기민하게 예민해져 보자. 보이지 않던 부분이 보일 때 그것을 고민하고 개선한다면 좋은 방향으로 나아갈 수 있다. 거대한 변화가 아닌 작고 예민한 차이부터가 고객을 감동시킨다.

내 브랜드의 경험에 예민해지자.

2) 고객보다 더 까다로워져야 한다

"까탈스럽게 뭐 그렇게까지 해."

까다로운 것을 좋아하는 사람은 많지 않다. 하지만 까다로움은 완벽에 더욱 가까워지고 싶다는 욕망이기도 하다. 대부분이 80에서 90 사이 정도면 괜찮다고 만족하고 '적당히' 한다. 그러고는 결과를 기다린다. 이때 0.1, 0.3, 0.5라도 끌어올릴 시도를 더한다면 어떨까?

더 까다로운 고객들의 마음을 얻을 수 있을 것이다. 까다로운 고객은 누구보다 브랜드를 지지하고 홍보도 해주는 든든한 조력자가 된다.

내 브랜드의 완성도에 까다로워지자.

3) 가끔은 눈앞의 현실로부터 정신승리도 필요하다

"그거 그냥 정신승리 아냐?"

정신승리란 어떤 상황에서도 내가 이겼다는 긍정적인 생각으로 상황을 극복해내는 마음가짐을 뜻한다. 한편으로는 허울뿐인 생각이 전부라며 부정적인 맥락에서 쓰이기도 한다. 스몰 브랜드를 키우면서 정신승리의 자세가 없다면 한없이 힘들어질 수 있다. 너무나도 빠른 시장 환경 변화, 극도로 치열한 경쟁 속 예상치 못한 많은 변수는 운명처럼 등장해서 브랜드를 가로막는다.

사회적 이슈, 갑작스러운 규제, 갑자기 찾아온 난관까지. 이럴 때, 브랜드라는 주인공이 고난과 역경을 딛고 성장하는 스토리의 초반을 지나는 중이라고 받아들여 보면 어떨까? 비즈니스가 순탄하기만을 바라는 것은, 날씨로 따지면 1년 365일 내내 해가 맑길 바라는 것과 같다. 날씨는 화창하다가도 언젠가 비가 내리지 않던가? 비가 오고 난 후에는 땅이 더 단단해지고 공기도 맑아진다.

내 브랜드의 고난을 기꺼이 받아들이자.

4) 앞서간 존재들을 질투하는 마음을 갖는다

"질투 그만하고 그냥 만족해."

질투라는 말은 다소 좋지 않은 뉘앙스를 풍긴다. 때론 부정적 생각으로 이어지기도 한다. 그런데 질투심이 없다면? 지금 주어진 대로 만족하고 그대로 하면 시간이 지나도 지금 상태에서 머문다. 더 커지고, 더 잘되고, 더 성장하고 싶다면? 더 잘하는 누군가, 나를 앞서가는 누군가가 부럽고 따라가고 싶고, 뛰어넘고 싶어질 것이다.

보잘것없는 나를 보면 초라해지고 지칠 수도 있다. 이럴 때 옆에서 나보다 빠른 속도로 앞서 달려가는 대상을 외면하지 말고 마주하자. 초라한 나를 직시하자. 긍정적 질투심을 갖자. 질투심을 참을 필요는 없다. 단, 부러움에서 그쳐서는 안 된다. 따라잡겠다, 뛰어넘어 주겠다는 마음을 품어보자. 건설적인 질투는 미래에 나를 경쟁자 앞으로 데려다줄 것이다.

잘하는 대상을 마음에 품고 달려가자.

5) 진짜라고 외치는 가짜들을 쉽게 믿지 않는다

"사람이 사람을 믿어야지."

좋은 말이다. 현실은 어떨까? 세상은 껍데기가 화려한 가짜들이 가득하다. 서로가 진짜라고 말한다. "나는 저 가짜와는 다르다. 나는 진짜다"라고 모두가 말한다. 근거 없이 느낌으로 쉽게 판단하고 나아갔다가는 소중한 시간과 자원을 가짜들에게 빼앗기기 십상이다.

누군가의 이야기를 막연하게 믿지 말자. 느낌으로 판단해선 안 된다. 많은 곳에 적용 가능한 진짜와 가짜 구분법을 정리해보자.

내가 가만히 있는데 너무 좋은 이득으로 먼저 나에게 다가온다면 가짜일 가능성이 크다. 내가 먼저 다가가고 싶은데 쉽게 다가갈 수 없다면 진짜다. 많은 경우 가짜는 쉽게 가질 수 있는 예쁜 겉모습을 하고 있고, 진짜는 쉽게 다가갈 수 없는 불편한 겉모습을 하고 있다. 브랜딩과 마케팅에서도 마찬가지다.

믿기 전에 공부해야 한다. 먼저 나 자신이 알아야 한다.

작은 브랜드를 위한 마음의 무기 5

1. 불편으로부터 예민해져야 한다.

내 브랜드의 경험에 예민해지자.

2. 고객보다 더 까다로워져야 한다.

내 브랜드의 완성도에 까다로워지자.

3. 가끔은 눈앞의 현실로부터 정신승리도 필요하다.

내 브랜드의 고난을 기꺼이 받아들이자.

4. 앞서간 존재들을 질투하는 마음을 갖는다.

잘하는 대상을 마음에 품고 달려가자.

5. 진짜라고 외치는 가짜들을 쉽게 믿지 않는다.

믿기 전에 공부하자. 먼저 나 자신이 알아야 한다.

작은 브랜드가 가져야 할 마음의 무기 다섯 가지를 꺼내왔다. 많은 경우 다섯 가지 안에 해당하는 이유로 고민이 많을 것이다. 처음 해보는 게 많은 시작하는 브랜드는 모르는 게 많아서, 꽤 커진 브랜드는 규모를 유지하느라 애를 먹는 등 각자 고민거리가 있다.

　　작은 브랜드는 대기업, 글로벌 기업과는 다르게 생각하고 움직여야 빠르게 나아가고 생존할 수 있다. 위에서 소개한 무기가 위험을 줄이고 더 단단하게 나아갈 힘을 주기를 바란다. 브랜드도 함께 단단하게 만들어질 것이다. 모든 이야기가 당장 와닿지 않을 수 있다. 기억해두었다가 언젠가 비슷한 상황에 처했을 때 꺼내서 다시 새겨보자.

스토리로 짜우는 브랜더의 탄생

여기까지 오느라 수고 많았다. 많은 이야기를 만나고 브랜드를 설계하는 시간을 함께했으니, 이제 브랜더가 되어 브랜드를 세상에 꺼낼 준비가 되었을 것이다.

이 책의 내용을 짧게 요약하면 아래와 같다.

1. 브랜드를 시작할 때 스토리텔링으로 과정형 콘텐츠를 꺼낸다. 시작부터 작은 팬을 만들 수 있다.

2. 브랜드를 확장할 때 고객과 소통하는 콘텐츠로 우리가 누구인지 전한다. 작은 팬이 함께 자라난다.

3. 브랜드를 차별화할 때 단 하나의 시그니처를 전한다. 더 많은 고객을 확실하게 만날 수 있다.

4. 브랜드가 성장할 때 직원의 성장과 함께한다. 브랜드를 다양

하게 넓혀갈 수 있다.

5. 모든 과정을 브랜더의 마인드로 만들어간다.

시작 때 던졌던 질문을 다시 꺼내보자.

판매자와 브랜더, 무엇이 되겠는가?

제품과 브랜드, 무엇을 팔 것인가?

기능과 스토리, 무엇을 말하겠는가?

구매자와 찐팬, 무엇을 만들고 싶은가?

이제 답은 알고 있을 것이다.

이 책이 자신의 브랜드를 만들고 키워가는 사람들, 꿈을 좇는 사람들의 모든 책장에 놓여 있는 모습을 상상하며 썼다. 책을 들고 다니면서 혹은 꽂아 놓고 생각날 때마다 꺼내 읽는다면 더 바랄 바가 없겠다.

책에는 내가 수많은 스터디와 대화, 코칭과 디렉팅 과정에서 배운 노하우를 무기화해 생생히 담아내고자 노력했다. 세상에 좋은 책은 많다. 그런데 좋은 이론도 당장 어떻게 적용해야 하는지 모르는 경우가 많고, 사례는 많아도 직접 적용해보지 않은 경우가 많다.《모든 게 처음인 브랜드의 무기들》은 내가 직접 경험한 것을 이론화하고, 당장 적용할 수 있도록 실행 가이드라인까지 담아낸 책이라 자부한다.

이 책을 읽고 도움이 되었다면, 다른 브랜더에게도 선물해주길 부탁드린다. 그것이 자신의 이야기와 노하우를 꺼내준 이 책의 브랜드들이 바라는 모습일 것이다. 그리고 시간이 지난 후 이 책의 독자였던 당신이 자신의 이야기를 들려주길 바란다. 이 책의 후속편이 나온다면, 이 글을 읽고 있는 독자가 그 주인공이 되기를 바라본다.

세상의 모든 브랜더를 응원한다.

작은 브랜드인가?

작다는 것은 빠르게 움직일 수 있는 기회이다.

다양한 실패를 감당할 수 있는 시기이다.

큰 것을 뒤집을 수 있는 가능성이다.

"작은 무기로 크게 싸우자!"

참고한 책들

매튜 룬,《픽사 스토리텔링》, 박여진 옮김, 현대지성, 2022.

빌 비숍,《핑크펭귄》, 안진환 옮김, 박재현 감수, 스노우폭스북스, 2021.

박정우,《어서 오세요, 밀라노기사식당입니다》, 예문당, 2022.

얀 칼슨,《MOT 진실의 순간 15초》, 박세연 옮김, 현대지성, 2023.

정나영,《내 가게를 위한 브랜딩은 달라야 합니다》, 청림출판, 2023.

모든 게 처음인 브랜드의 무기들

초판 1쇄 발행 2025년 4월 1일

지은이 • 초인 윤진호

펴낸이 • 박선경
기획/편집 • 이유나, 지혜빈, 김슬기
홍보/마케팅 • 박언경, 황예린
표지 디자인 • @paint_kk
제작 • 디자인원(031-941-0991)

펴낸곳 • 도서출판 갈매나무
출판등록 • 2006년 7월 27일 제395-2006-000092호
주소 • 경기도 고양시 일산동구 호수로 358-39 (백석동, 동문타워 I) 808호
전화 • 031)967-5596
팩스 • 031)967-5597
블로그 • blog.naver.com/kevinmanse
이메일 • kevinmanse@naver.com
페이스북 • www.facebook.com/galmaenamu
인스타그램 • www.instagram.com/galmaenamu.pub

ISBN 979-11-91842-85-2/03320
값 19,000원